# 跨文化交际语境下
# 大学英语教学生态体系的构建

黄小琴 / 著

中国原子能出版社

图书在版编目(CIP)数据

跨文化交际语境下大学英语教学生态体系的构建 /
黄小琴著. --北京：中国原子能出版社，2022.4
ISBN 978-7-5221-1939-7

Ⅰ.①跨… Ⅱ.①黄… Ⅲ.①英语－教学研究－高等
学校 Ⅳ.①H319.3

中国版本图书馆 CIP 数据核字(2022)第 069569 号

## 内 容 简 介

跨文化交际语境下大学英语教学生态体系的构建是将教师教学与学生学习作为中心，实现组织结构、活力、恢复力三个要素的平衡。本书在对交际、跨文化交际、跨文化交际语境、大学英语教学进行分析的基础上，探讨了大学英语生态课堂理论及其体系构建的依据、要素、内容、模式等，并论述了如何改善跨文化交际语境下大学英语教学的生态体系。本书立足于现代社会的发展现状，将跨文化交际与大学英语生态教学结合在一起进行研究，观点新颖；本书结构严谨，逻辑清晰，将理论与实践相结合，符合读者的认知规律，值得广大读者仔细品鉴。该书无论对于教师、学生还是专门致力于英语教学研究的专业人士而言，都具有一定的借鉴价值。

**跨文化交际语境下大学英语教学生态体系的构建**

| | |
|---|---|
| **出版发行** | 中国原子能出版社(北京市海淀区阜成路 43 号　100048) |
| **责任编辑** | 张　琳 |
| **责任校对** | 冯莲凤 |
| **印　　刷** | 北京亚吉飞数码科技有限公司 |
| **经　　销** | 全国新华书店 |
| **开　　本** | 710 mm×1000 mm　1/16 |
| **印　　张** | 14.5 |
| **字　　数** | 230 千字 |
| **版　　次** | 2023 年 3 月第 1 版　2023 年 3 月第 1 次印刷 |
| **书　　号** | ISBN 978-7-5221-1939-7　　定　价　76.00 元 |

网址：http://www.aep.com.cn　　E-mail：atomep123@126.com
发行电话：010－68452845　　　　版权所有　侵权必究

# 前　言

美国哥伦比亚大学师范学院前院长,著名学者劳伦斯·克雷明(Lawrence Cremin)1976 年正式提出教育生态学(Ecology of Education)这一概念,之后有关教育生态的话题逐渐成为学者们研究的热点。教育生态学扎根生态学,关注教育过程中的生态构建,研究教育生态平衡及教育协同发展等重要问题。教育生态学通过剖析各种教育现象及其形成原因,探索教育发展规律和发展趋势,为教育决策和教育实践提供理论指导。

20 世纪 80 年代以来,教育生态学研究已经在宏观理论层面上构建了较为完整的框架,研究空间得到进一步提升,研究内容也逐渐具体深入,但目前对课堂生态系统这类微观层次的研究还相对薄弱,特别是跨文化交际语境下大学英语生态课堂的构建研究略显不足。鉴于此,作者在参阅大量相关著作文献的基础上,精心策划并撰写了本书。

本书共有九章。第一章介绍了交际与跨文化交际、跨文化交际语境阐释,第二章探讨了大学英语教学的相关内容,包括英语教学的内涵与内容及大学英语教学的问题、依据、原则,从而为下文的展开做好铺垫。第三章结合本书主题,研究了大学英语生态课堂理论方面的知识,如什么是生态课堂、大学英语生态课堂的特征与观念、大学英语生态课堂教学的现状与本质、大学英语生态课堂的构建分析。第四章承接上一章,探索了大学英语教学生态体系构建的理论依据,包括生态学理论、生态语言学理论、教育生态学理论、系统科学理论。第五章重点分析了跨文化交际语境下大学英语教学生态体系的要素,涉及英语语言、教学环境、教师与学生。第六章针对跨文化交际语境下大学英语教学生态体系的内容展开论述,涉及大学英语知识教学、技能教学、文化教学及其实践等方面的内容。第七章研究了跨文化交际语境下大学英语教学生态体系的模式,第八章论述了跨文化交际语境下大学英语教学生态体系的改善。第九章为本书的最后一章,重点研究了跨文化交际语境下专门用途英语教学生态体系的构建,其中在实践部分分析了民航乘务英语、民航英语口语方面的知识内容。

本书细致、全面地论述了跨文化交际语境下大学英语课堂与生态教育融合的相关内容,呈现出以下几个特点。

首先,本书立足于现代社会的发展现状,将生态学理论与大学英语教学结合在一起进行研究,观点十分新颖。

其次,本书结构严谨,逻辑清晰,将理论与实践相结合,符合读者的认知规律。

最后,本书内容丰富翔实,语言通俗易懂,而且实用性极强。

本书无论对于教师、学生还是专门致力于英语教学研究的专业人士而言,都有着很高的借鉴价值。在成书过程中,作者参阅了大量专著和文献,并引用了部分专家和学者的一些观点,在此一并表示感谢。因写作水平有限,书中难免有错误和疏漏之处,还望广大读者批评指正,以求不断进步。

作　者

2021 年 12 月

# 目　录

# 第一章 绪 论

文化(culture)与交际(communication)是两个相互影响和相互依存(inter-dependence)的概念。这两个概念的互动,在不同的情况里,产生了不同的思想与行为形态。文化不仅制约人们对事实的认知,而且同时主导人们的语言操作与行为举止的形式。在什么情况下,使用什么样的语言和如何使用该语言,无一不受到文化的规范。当然,不仅文化塑造了人类交际的形态,交际也会影响文化本身的结构。文化与交际就如同连理枝,关系紧密,缺一不可。因此,为了研究跨文化交际学,我们首先必须了解文化与交际两个概念的基本意义。

## 第一节 交际与跨文化交际

### 一、交际

虽然在西方交际或传播学的研究,可以追溯到两千多年前亚里士多德(Aristotle)的《修辞学》(*Rhetoric*)一书,但早期的研究,一直把人类交际当作是一个机械性(mechanistic)的信息传递过程。这种机械性的模式,把人类的交际视为一种单向性的运动,人只是一种被动性接收信息的传递与冲击的生物。直到20世纪中叶,学者才开始意识到,人类的交际行为与个人的意图、意向与目的有很大的关系。换句话说,人类绝不是由外在因素来决定其交际行为,而是很有自主性,能积极参与交际过程来决定自己行动的生物。建立在这个认识上,以下就先来探讨交际的定义、交际的特征、交际的要素与交际的模式①。

## （一）交际的定义

在文献上，交际（communication）至少有一百多个定义（Dance & Larson，1972）。试着给交际下一个放诸四海皆准的定义，根本是不可能之事，因为在不同情境下，交际这个词语的使用本身就具有多样性。为了本书的目的，在此把交际定义为"双方经由交换符号，来建立一个互依互赖关系的相互影响过程"。

经由参与这种符号交换的过程，人类才开始形成塞耶（Thayer，1987）所谓的"交际实境"（communication reality）。在这个交际实境里，不同的思想、信仰、喜恶、理想，都可赋予公开的讨论，而且各分子皆能经由符号的使用，再造一个自我或定义自己要当何方人物。也就是说，这个交际实境，能协助人们学习一组解释宇宙世界的特殊方法，并进而共同组成一个社会。

## （二）交际的特征

从以上交际的定义，我们可以演绎出三项交际的特征：整体性、互动性、持续不辍性。

### 1. 整体性

人类交际的整体性（holistic）特征，表现在互动双方的依存性（interdependence）。依存性把双方连接成一个系统，在这个系统里，彼此的了解（understanding）乃是建立在双方愿意互换信息的基础上。这说明了交际本身，是一个让互动双方能够保有自我认同（self-identity）与个人特质的关系网（relational network）。因此，要了解交际这个关系网，首先对互动者必须有所认识。

交际的整体性，与《易经》演化出来的太极图的原理很类似。太极乃是阴阳相辅相生又相克的关系所形成的一个负阴抱阳的状态。所谓孤阳不生，孤阴不长，即显示了双方交际互动与相互依赖的重要性。由此延伸，我们得知交际是一种社交实境（social reality）。如同任何社会现

---

① 陈国明．跨文化交际学［M］．上海：华东师范大学出版社，2009.

象的存在,必须经由参与者共同承认才算存在一样,交际这个现象的存在,也是完全建立在互动双方同意的基础上所产生的一种实境。

人类交际这种共创性的本质,表现在互动层次,就是在同一个文化内,双方比较能够在语言与非语言行为上,取得共同分享的意义。当然,相同的语言或非语言信息,在不同的情境下会产生不同的意义,这使得跨文化交际(inter-cultural communication)比同文化内交际(intra-cultural communication)来得困难。例如,在西方社会,随时可听到"我爱你"的呼声到处飞扬,对西方人而言,这种公开表达内心情意的方法,乃是司空见惯且极正常之事。但在东方社会,老是把"我爱你"挂在嘴里的人,恐怕会被认为头脑出了问题。

### 2. 互动性

人类交际的互动性(inter-actional nature),意味着符号交换的过程发生在两个对象之间。也就是说,交际存在于符号传送者(sender)与符号接收者(receiver)两个对象之间持续互动的脉络里。这两个对象互动的本质,引发出不少值得讨论或争论的问题。

例如,自己能不能与自己交际呢?从心理学的角度,尤其是弗洛伊德(Freud)的理论,当然不成问题。不过,如果符号的交换必须发生在两个对象之间,一个人怎么可能分化为两个对象呢?可以的,弗洛伊德的理论,把这个我分割成以得(id)、自我(ego)与超我(superego)三个类型。这三个我常常在夜深人静、床上或灯下独守的时候发生天人之战,特别是以本能冲动为满足的以得,会和以良知与理想为基础的自我与超我拼斗。这种自我性的互动称为自我交际(inter-personal communication),人数虽然只有一个,但包含内心不同对象间的对话。

另外,人与动物之间有没有交际存在呢?把猫、狗、龟、兔等动物当成宠物的人,一定会认为人与动物之间当然能够彼此交际,因为这些宠物不仅能听懂一些指示,而且能博得主人欢心或改变主人心情。

《列子》书中就有这么一则故事:有一个住在海边的人很喜欢海鸥。这个人每天早晨都跑到海边和海鸥游玩嬉戏,日子久了,飞来的海鸥愈来愈多,一共有数百只之多。有一天,这个人的父亲突然对他说道:"儿子呀,听说每天早晨海鸥都来和你嬉戏,明晨你就抓一只回来给老爸玩玩吧。"结果这个人第二天早晨到了海边,发觉所有的海鸥好像有了心电感应,只在天空飞翔,无论如何都不肯下来和他嬉戏。

另外,近年来科学家研究的人与宠物之间的关系亦可佐证之。研究发现,留在家里的狗儿,在主人回家路上,通常距离家里只剩下一两里远的时候,就开始表现出兴奋或毛躁不安的现象,显然已经知道主人已经快到家了。还有古时候也有所谓"降龙伏虎"以及与虎豹同游的修道之士。这种人与动物之间感应的现象算不算是交际呢?

若是人与神鬼等超自然现象交际的记载就更不胜枚举了。几千年来,不同民族间实行的祭天、祭祖、祈福、求雨等活动,皆与感应或交际之理息息相关。摩西获取十诫训文的故事,观世音或妈祖显灵的记载,这些经由虔诚祷告而与神感应交际的例子,在宗教上比比皆是。

至于中国人临死前或死后托梦之事;道士在丧家作法,经由如竹筒等工具,让生者与死者互通信息;美国境内苏族印第安人(Sioux Indians)食用一种仙人掌汁(peyote)之后,与在天祖先交际以寻求生活之道与生命延续之法;佛教密宗修习本尊之法,临终前与本尊之佛、菩萨会通以解脱轮回之苦;耶稣基督或先知所显现之救人济世之种种奇迹等,都显示了人与超自然感应与交际的现象。但此等现象真能符合交际的定义吗?还是只是信则有,不信则无,或只是一种自我心理暗示的作用呢?学者对这些问题尚无法达到共同的看法,只依赖个人依其生活经验与文化的影响各自自圆其说了[①]。

3. **持续不辍性**

人类交际是一个持续不辍的过程(on-going endless process)。这项特征表现了交际的动态性(dynamic),直指人类交际的行为乃是两个互动对象你来我往、永无止息的相互影响活动。这个经由语言与非语言符号交感过程的动态性,看似杂乱无章,其实它是一个很有秩序(orderly)的变化过程。例如,听两个人使用俄语交谈,如果我们不懂俄语,一定会觉得他们语无伦次,像外星人。不过,如果我们知晓俄语,听起来就会觉得容易入耳,毫无混沌混乱的现象。

人类交际的持续性,同时表现出发展性的特色,好像日月的更迭与潮汐的涨落(ebb and flow),井然有序地在互动的双方,一步一步开发可以共同分享的符号意义,从陌生人的阶段,发展到相知、朋友,甚至知交、情人或夫妻。人类社区、部落、社会、国家等大小组织体,也都经由交际

---

① 陈国明.跨文化交际学[M].上海:华东师范大学出版社,2009.

的过程而形成。

人类交际这种持续有序的动态变化（dynamic change）过程，可借《易经》每一卦六爻的演进变化来加以解释。《易经》认为，宇宙内万事万物皆以变化为准则，能够随缘应变或以变论变，才能顺遂畅通，不至于拘泥僵化。宇宙万物的变化以六爻的六度升降演变为原则。

以人类交际为例，初爻为根本，代表双方互动的开始，也是变化的第一个阶段。二爻为发芽，代表交际双方认识的成形期，这是变化的第二阶段。三爻为成干，代表互动双方相知具体期，这是变化的第三阶段。四爻为枝叶，代表互动双方友谊与感情的成长期，这是变化的第四阶段。五爻为开花，代表互动双方友谊与感情已演进到壮硕期，这是变化的第五阶段。最后，六爻为结果，代表双方的互动已达到收获期，此时也代表着事物变化的完成与转变期。

这和《中庸》讲的达到至诚之境的六段变化，也有着相似之处。《中庸》讲"诚则形，形则著，著则明，明则动，动则变，变则化"。形、著、明、动、变、化这六个变化阶段，也同样可以用来阐释人类交际的持续有序的动态发展过程。

## （三）交际的要素

从前面交际的定义我们也可以发现，一个完整的交际过程包含了九项要素：传送者、译码、信息、通道、接收者、解码、回馈、环境以及噪音。

"传送者"（sender）可以是任何人、事、物，但主要还是以人为主。在交际的过程，信息传送者指有那股与他人分享心中事之欲望的人，因此又叫作信息的"来源"（source）。不论国籍、文化、男女老幼，思欲与人聊天交换意见或分享心事，乃是人类之为人类的必要条件。人类这种与他人交际的需求，不仅是为了建立关系，更是在自我认同的形成、身心健康的保持与获取想要之物方面所不可或缺。难怪学交际的人，无不知"人不能不交际"（We cannot not communicate）这句名言。信息传送者若是来自不同文化背景，则构成了跨文化交际的基本架构。

"制码"（encoding）指传送者输出信息前，心内运思要说些什么的过程，也就是制造符号（creating symbol）的内在动作。当你看到一位多年没见的朋友，边挥手边叫道："嗨，老王，好久不见了，你风采依旧哩！"此语一出，就是所谓的"信息"（message）。因此，信息可以定义为译码过程的外显。但在这个信息发出前,在传送者的心中,必须经过一段可长可短的过程,决定要送出什么符号,这就叫作"制码"。人类交际最基本的符号当然是语言了,而且不管是口语(verbal)或非口语(non-verbal)的信息,不同的文化系统通常都有一组必须遵守的使用规则。

信息的传递必须有媒介的载运,才可能输送出去。这个输送信息的媒介称作"通道"(channel)。或经由嘴巴发声,或以书信传情,或用伊媚儿(email)代言等,皆显示了不同的信息传递媒介。由媒介载运的信息,像出了膛的子弹,一定有个射击的鹄的。信息命中的对象就是"接收者"(receiver),又叫作"目标"(target)或"阅听人"(audience)。

阅听人当然不会像早期传播研究的子弹理论(bullet theory),被认为只是一个枪靶,静止不动地在原地接受射击。正常情况之下,阅听人收到传送者发出的信息之后,通常内心会有所反应(response),然后决定回送信息给传送者。这个回复信息的过程称为"回馈"(feedback)。有了回馈,人类的交际才能显现出双向、持续与永无止息的动态特性。

如同传送者发出信息之前,必须经由制码的内在过程,阅听人在回馈信息之前,也必须经由内在运作的过程来达成任务。这是解释传送者信息并赋予意义的过程,也叫作"解码"(decoding)。影响赋予符号意义的因素很多,诸如生活经验、宗教信仰、性别年龄、社会角色与文化的差异。其中又以文化差异的影响最为显著。阅听人完成解码工作,决定回馈信息给传送者的同时,也进行着制造符号或制码的工作,如此才有所谓的回馈。由此可以看出,在交际的过程,阅听人同时扮演着传送者的角色,传送者也同时扮演着阅听人的角色。

交际当然必须发生在某种"环境"(environment)之下。例如,物理环境(physical environment)指在某个地方,或灯光明亮或暗淡下的互动。社会情境(social context)也是一种交际环境。从社会情境可以看出交际双方之间的关系,如父子、师生、官民、朋友、仇敌或来自不同文化等。

最后是"噪音"(noise),指任何可能阻碍交际进行的因素。人类交际不可能在真空的情况下发生,因此障碍重重。影响交际准确性的因素不胜枚举,包括物理、生理与心理三项噪音。

物理噪音来自物理环境的装置摆设,如空间太大,造成后排的阅听人听不清楚;室内温度太高,使得互动者毛躁不安;桌椅摆设凌乱,叫人感到心烦皆是。

生理噪音来自互动者身体的状况,如头疼、胃痛、近视、重听、感冒、疲倦等,都很容易影响交际的品质。

心理噪音则来自内心所思所想,如有些人喜欢膨胀自己,说话夸大不实,或自以为是,喜欢藐视别人的论点,或以谦虚为美德,凡事过度小心翼翼,不肯抒发意见等,都容易产生交际上的误解。当然,不同的文化价值信仰、认知系统、思考形态、语言表达方式等,也都是人类交际过程中产生的噪音,阻碍相互了解的因素。

以上九个交际的要素,具有其普遍性的意义。不论文化、社会、宗教或任何其他差异,只要是人与人之间的交际,这九个要素是必然存在的。

## (四)交际的模式

从交际的定义、特征与要素可以看出,交际本身其实是一个很复杂的概念。为了有助于理解和学习复杂的概念,用一个扼要简明的模式来表达,可以说是最好的方法之一。用以了解交际的模式很多,下面提供两个以资参考。

图 1-1 是最详细的模式,彰显了交际的所有要素,并清清楚楚地表现出交际九个要素的位置与相互的关系。其中"制码"与"来源"或"传送者","解码"与"目标"或"阅听人"放置在同一个椭圆内,表示"译码"与"解码"是"传送者"与"阅听人"心内制造符号与解释信息的过程。下方的两个较小的椭圆,标明了"阅听人"同时扮演着"接收者"和"接收者"同时扮演着"阅听人"角色的现象。整个方形则代表着"环境",～～则表示交际过程中产生的"噪音"。

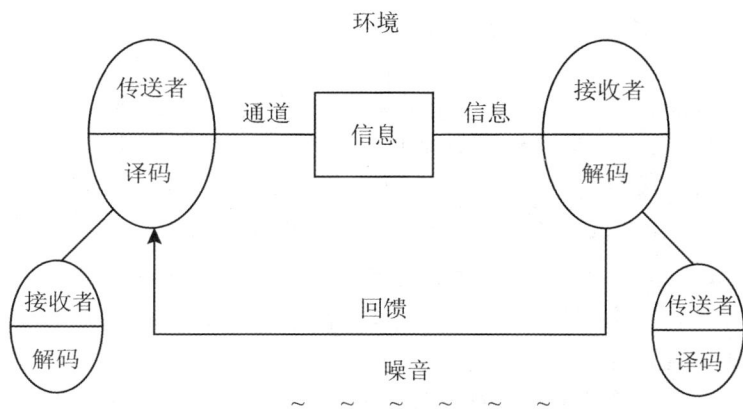

**图 1-1　交际的模式**

图 1-2 是从《易经》"一阴一阳之谓道"与"是故易有太极,是生两仪,两仪生四象,四象生八卦"的思想推演出来的。因此,这个模式具有中华文化的特色,与文献上大部分由西方学者发展出的交际模式有所不同。这个模式特别注重互动双方相辅、相生与相克的整体性与动态性关系。图中 A 和 B 代表信息传送者与阅听人。两个合成一太极,就是上述"孤阳不生,孤阴不长"的依存关系。C1 到 C4,代表阴阳或传送者与阅听人的持续互动,所产生的结果。D1 到 D8,则代表 A 和 B 永无止息的创造过程。从这个模式可以看出,人类交际就是"生生之谓易"的写照(Chen,2009)。

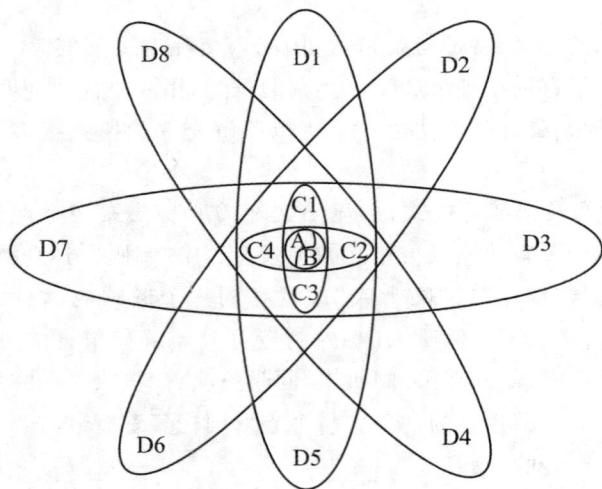

图 1-2 《易经》交际模式仪

还有依照这个模式,信息传送者与阅听人,经由相辅、相生与相克的互动过程,以达到自我与整体目标的无休止转换与再生的运动,必须受制时空两项因素的影响。从时间变项(temporal contingencies)而言,互动双方必须知道在适当的时间表现出互动经营(interaction management)的能力,也就是知道何时输出信息,公平分享互动时间与知道何时停止互动等能力。空间变项(spatial contingencies)则包括互动双方具有的静止性的属性,包括个人的个性、地位、角色、交际环境等因素。时空两项因素随时影响信息传送者与阅听人互动的动态平衡。以上是对"交际"这个概念的基本了解①。

## 二、跨文化交际

### （一）跨文化交际的定义

随着国际间经济、文化交流的日渐频繁，世界各国人民之间的合作和往来也与日俱增，从而出现了国际间的交际，即"跨文化交际"（intercultural communication or cross-cultural communication）。

人类一般性的交际（即主流文化内的交际）过程与跨文化交际过程是基本一致的，二者的本质也是基本一样的。二者之间的差异只是程度上的差异，不是本质上的差异，这是因为二者所涉及的变量或组成要素基本上是一致的。据美国学者（W. Gudykunst，1984）的看法，二者之间的差异在于交际所涉及的变量对其交际活动的影响程度方面，而且它们在交际过程中的相对重要性也有所不同。例如，对跨文化交际来讲，民族中心主义是影响交际的重要因素。然而，在同一主流文化内的不同群体之间的交际中，它的作用显然低于它在跨文化交际过程中的作用。

具体讲，跨文化交际是指不同文化背景的人们（即信息发出者和信息接收者）之间进行的思想、感情、信息等交流的过程。信息的编码和译码是由来自不同文化背景的人所进行的心理活动就叫跨文化交际。

事实上，不同人的文化背景、社会环境、生活方式、受教育情况、风俗习惯、信仰、性别、年龄、政治思想、经济状况以及交友条件、兴趣爱好、性格等方面都存在着不同程度的差异。因此，在人与人交际时，说话人与听话人对信息的理解不可能达到百分之百的认同。从这个角度讲，任何人与人之间的交际都叫跨文化交际。但是，在后一种跨文化交际中，交际双方对信息理解上的差异只是程度上的不同，而不是本质上的差别。

从上面给跨文化交际下的两个定义可以看出，跨文化交际中的说话人和收话人的文化背景，可能相距甚远，也可能相距很近，甚至基本相似。文化距离可以远至不同国籍、不同民族、不同社会制度的人们之间，也可能近到同一主流文化内的不同年龄、不同性别、不同社会阶层、不同

---

① 陈国明. 跨文化交际学［M］. 上海：华东师范大学出版社，2009.

职业、不同教育背景、不同区域、不同地方等，甚至不同性格、不同兴趣或爱好的人们之间。如果我们把几乎所有的、不同程度的交际都看成跨文化交际，那么跨文化交际将包括：跨民族交际（cross-national communication），跨种族交际（interracial or interethnic communication），同一主流文化内不同群体 之间的交际（inter-cultural communication）和国际间的跨文化交际（international inter-cultural communication）等。

当前，国外尤其是美国，对跨文化交际的研究重点几乎放在各个层面上，这显然是与美国的国情有关。美国是一个由多民族、多种族、各种群体组成的大熔炉或色拉盘。由于多群体的存在，跨文化交际就变得十分复杂。不同群体之间的交往就常会出现失误，文化冲突就相对频繁。因此，跨文化交际研究就变得相当重要。而我国，对跨文化交际的研究重点主要集中在国际性的跨文化交际的层面上。本书主要探讨国际层面的跨文化交际，而且重点放在人际交往方面，尤其是面对面的人际交往。

## （二）跨文化交际与情景的关系

在实际的交际中，文化因素会因具体的交际情景、场合不同而个性各异。在社会化的进程中，由于交际环境、场合、情景等时间、空间的不断变化，人们通过交往而确认、建立、维持并强化了各种文化身份和不同的文化，习得了不同的交际文化。到了成人时期，人们掌握了成套的在各个不同社会环境、场合、情景中与别人交际的各种规则，在不同的时空与不同文化群体交往中，习得了不同的交际规范，即在社会化的进程中，人们习得了各种不同的群体文化、信仰文化、地域文化，并熟悉了不同类型的社会关系和角色关系。

在跨文化交际学习中，我们把非定式文化作为一个重要内容来学习的最大作用是，我们可以克服单纯把文化定式作为学习模式的弊端。由于充分考虑到社会环境、场合、情景等因素，我们的一言一行、一举一动就能做到适度、得体和名正言顺。因为人们的言行举动是否合适、得体，不仅与文化因素有关，也与场合、情景因素有关：某种言行对某一文化的情景来说是得体、合适的，但在不同文化的情景中未必是合适、得体的。由此可见，在重视文化定式学习的同时，我们绝不可忽视具体的与社会环境、场合、情景相关的群体文化的学习。

# 第二节　跨文化交际语境阐释

## 一、语境

### (一)语境的含义

语境简单来说就是语言发生和运行的环境,也就是说语言必须在一定的环境中才能体现其价值。任何话语或言语事件都必须在一定的语境中才能发生。若没有语境,那么话语就没有实际意义。

从语言教学来考虑,学生若要提高交际能力,那么在教学过程中,教师就需要通过教学活动让学生明白语境的作用,让学生要时刻注意语境与交际需求的不同,注意话题和焦点的变化。

### (二)语用学下的语境观

众多哲学家认为语境是一个与语用学紧密相连的概念。由于早期的语用学在某种程度上可以说是哲学的副产品,因此语用学中关于语境的研究一开始就与哲学有着紧密的联系。譬如,日常语言学派哲学家维特根斯坦通过观察孩子的游戏,发现角色是在游戏中动态地体现出来的,从而推断语言的意义也是在特定语境中体现出来的。奥斯汀指出说话的场合很重要,所使用的词的意义在某种程度上要结合原本设定好的或实际上已在语言交际中体现出的语境才能得到解释。格赖斯等也都论及语言意义在具体情形(语境)下的使用问题。

莱文森在《语用学》一书中明确指出,语境只包括一些基本参数,如参与者的身份、角色、居住地、对参与者拥有的知识或理应知道的内容的假设以及会话产生的地点等,并声明有些语境因素,如社会交往原则以及许多具有文化差异性的原则等是被排除在外的,原因是为了遵循哲学语言学的传统。黄衍提出语境是系统地使用一个语言单位的动态环境里的任何相关的东西。它包含不同的来源,如物理的、语言的、社会的以及共有知识的。当然,这并不意味着语用学家们对语境的本质有了一致的认识,"语境的复杂本质以及语境自身都具有语境敏感性,使得要给出一个学界共享和认可的定义甚或理论视角都是不可能的,通常都只能描述或捕捉语境的某一个小的方面"①。

无论语义学家还是语用学家都认识到语境的宏观与微观维度,而在另一个维度即静态与动态方面,语义学家主要关注的是语境的静态性,而语用学家们则逐渐强调语境的动态性、开放性和建构性。

斯波伯和威尔逊认为,语境的构成在整个话语进行过程中都是开放的,不断进行着选择和修正。语境不是事先设定好的,而是一个在话语中不断形成和变化的过程。根据关联理论,建构语境就是要寻求最佳关联。当语言发出者发出话语后,听话者就会将这一话语所表达的假设连同话语本身当作一种给定的直接语境,这一语境就是初始语境,如果在初始语境中找不到最佳关联,那么听话者就需要不断扩充语境,直至获得最佳关联。

语境可以通过三种方式不断扩展:一是调取已有的或推导出的假定加入语境,二是加入关于已经进入语境中的概念和假定的百科知识,三是关注周围环境的信息,能够产生关联的信息都可进入语境。维索尔伦指出语境是个动态的而不是静态的概念。因为环境是持续变化的,所以参与者能够在交际过程中互动,语言表达能够变得可理解。维索尔伦用图表现了语境的动态建构②。他指出,图中的三个世界不是截然分开的,话语发出者和话语解释者也不是对立的,在实际的场景中常常相互换位。物理世界、社交世界和心理世界对说话人和听话人的话语产生与话语理解都会产生影响。说话人和听话人的视线(各由两条斜线构成)在物理世界、社交世界和心理世界的交汇处便是影响当前交际的语境因素,而这些因素会随着二者视线的变化而发生变化,各种世界中的因素若并未渗入交际过程中也就不一定算是语境因素,因而语境是交际双方动态选择的结果。比如,一只蚂蚁从说话人的脚边爬过去,其基本上不参与话语建构,就谈不上是语境因素,除非它以某种方式介入双方的交谈,便可成为语境的一部分。

---

① 陈国明. 跨文化交际学[M]. 上海:华东师范大学出版社,2009.
② 陈新仁. 汉语语用学教程[M]. 广州:暨南大学出版社,2017.

## （三）语境的功能

### 1. 语境对词义的选择功能

语境对词义的选择功能表现在以下几个方面。第一，确定指示对象。无论语法多么正确、字面意义多么清晰，离开语境的显影作用，很多内容可能让人无法理解。第二，扩大词义。词汇的词典意义是稳定的，但是一旦进入不同的语境中，词义就可能发生变化，通常不外乎词义的扩大与缩小。第三，缩小词义。词义的缩小是指在具体的语境中词汇表达的意义比编码义更具体的情形。

### 2. 语境对句义的选择功能

语境对句义的选择功能主要包括消除歧义和支持含意推导。首先，消除歧义。歧义句是非常普遍的语言现象，脱离语境，通过语义分析，只能确定歧义句到底表达了几层含义，却无法消除歧义。在具体的语境中，歧义的消除是很容易的。由于语言的线性特征（即人在处理语言时的线性模式），在交际中，言语的歧义必须能够在某种层面上得以消解，否则就会引起困惑①。其次，支持含意推导。说话人经常在交际中使用某些暗示性话语，要理解其中的含意更需要结合语境信息进行推导。

### 3. 语境对交际者关系的选择功能

话语本身可以传达一定的信息，如说话人对双方的熟悉程度、身份、话语权力等信息的认识和预设。然而，同样的话与不同的语境互动可能产生不一样的结果，不同的语境可能对会话双方的关系进行重构。语境对交际者关系的选择功能具体体现在以下几个方面。

（1）确定人物关系

称呼语的使用可以显示出说话人与听话人的亲疏程度，但有时候同样的称呼语在不同的语境中会有不同的表达效果。例如，《战斗的青春》中的胡文玉与许凤之间的对话："胡文玉见她那样，只好停下来，装出委屈的神情说：'许凤同志，这是怎么回事？'许凤咬牙切齿地说：'谁跟你是

---

① 陈新仁. 汉语语用学教程［M］. 广州：暨南大学出版社，2017.

同志,走!'"同志"在抗战年代具有高度政治认同含义,胡文玉称许凤为同志不仅想表明他与许凤的熟人关系,还想说明自己与她是同一战线的战友,然而胡文玉的辩解使得许凤拒绝这一称呼,以此拉远彼此间的距离①。

(2)确定话语身份

身份既不是给定的,也不是一个产物,而是一个过程;身份不是简单地源自个体,而是来自磋商过程和具体语境等。既然身份是动态的、磋商的,那么一定是在具体的语境中反映出来的。也就是说,语境对话语双方的身份进行了选择。例如,《红楼梦》中,贾政与元妃本是父女,但元妃却不称其为父亲,言语简短,而贾政虽是父亲,却称女儿为贵妃,称自己为臣或"政",话语冗长、正式,完全不是常规意义下的父女对话,因为在该语境下,话语要构建的主要是贵妃与臣下的身份,而非父女身份。

(3)确定话语权势

相传明太祖朱元璋称帝后,一位多年前的同乡前来找他,希望能得到赏赐,在朝堂上讲起他们小时候的故事:"从前,我们两个都替人家看牛,有一天,我们在芦花荡里,把偷来的豆子放在瓦罐里煮着。还没等煮熟,大家就抢着吃,罐子都被打破了,撒下一地的豆子,汤都泼在泥地里。你只顾从地下满把地抓豆子吃,不小心把红草叶子也一嘴吃进嘴里了,叶子哽在喉咙口,苦得你哭笑不得。还是我出的主意,叫你用青菜叶子放在手上一并吞下去,这样红草的叶子才一起下肚了。"说话人本意是想通过叙旧向听话人描述自己的功劳从而得到赏赐,然而却被朱元璋一气之下赐了死罪。朝廷作为皇帝与文武百官商议天下大事的办公地点,在朝堂上君臣之别得到凸显,用语应该非常谨慎和正式。另外,封建社会里皇帝常被认为是"天子",生来即是万金之躯,超越众生,因此尤其忌讳外人知道自身的短处。然而说话人并没有注意语境,没有认识到他们虽然曾经是平等的小伙伴,如今的地位却是天壤之别,没有看到话语权势的不同,尊卑不分,以"我们""你""我"相称,在当时的社会语境下无疑会因此丢掉性命。

4. 语境对话语方式的选择功能

从宏观的社会语用角度看,语境还对说话人的说话方式有制约作

① 雪克. 战斗的青春[M]. 北京:人民文学出版社,2006.

用。粗略地说,说话方式有直接与间接、礼貌与不礼貌、得体与不得体之分。这几个维度无法穷尽话语方式,但无疑是比较主要的方面。此外,这几个方面无法截然分开,如得体往往意味着礼貌和间接,但也不是必然,间接不一定意味着礼貌,礼貌也不一定意味着得体。

（1）选择直接与间接

针对言语行为,直接与间接就是越不加修饰甚至粗鲁地表达个人意图,就越直接,反之就越间接。选择直接或间接的表达方式要看语境,并非越直接或越间接越好。如果是在日常交往中,用语一般应当选择间接的表达方式,以体现文明、平等、礼貌等。

（2）判断礼貌与不礼貌

同样一句话,在不同的语境中,可能是礼貌的,也可能是不礼貌的。例如,"麻烦你把这份文件打印出来一下,我马上要用。""麻烦"是因为自己要求别人做事而表示歉意的表达。如果说话人是公司董事长,听话人是秘书,作为秘书,文件打印之类的事是分内事,那么这句话是很礼貌的。但是,若反过来,是秘书对董事长说的话,无论理由有多么充分,这句话都是欠礼貌的,因为秘书要求董事长为其做一件不是分内的事,措辞就应当更加委婉和礼貌。

（3）确定得体与不得体

得体与否还有一个同义词就是"合适"与否,做出一个合适的话语选择需要考虑多种因素,如社会的、认知的、人类学的、文化的及个人的等,简单地说就是交际应当基于人的情感达到一种平衡状态这一前提。那么,在特定的语境下就应当说特定类型的话,如果话语与语境不匹配,就会产生不好的效果。明白在什么情况下说什么话是十分必要的。

## 二、跨文化交际语境

语境知识是基本交际要素之一,并且认识语境的重要性是语言能力的一种重要体现。有的学者就指出,语境知识既包括语言知识又包括语言外知识:语言知识是对所使用语言本身语音、词汇、语法和语用规则的掌握;语言外知识则包括背景知识、情景知识、相互知识。其中背景知识不单单是关于某种文化的行为准则和交际规则,还包括百科全书式的常识性知识等;情景知识则涉及交际的要素:时间、地点、交际的主题、正式程度及参与者之间的关系等；相互知识则是不仅指交际双方共同具备的知识，并且包括双方都有各自具备的知识。因此说，在语言的实际运用中，所涉及的知识是方方面面的。

语言教学本身就是一种动态的语境教学。因此，在语言教学活动中，教师要有意识地增强学生关注语境的意识，培养学生识别语境的能力，让学生逐渐意识到句法结构与语境有着密切联系，从而让学生能在特定的语境中，充分实现语言的交际效果。同时，教师可以在教学内容、教学活动的设计和安排等方面，注重语境作用的发挥。由此，学生的语用能力才能得到提高。

语用能力是指听话人对语境的认识能力和在对语境的认识能力的基础上理解别人的意思和意图，能够准确表达自己的意思和意图的能力。在现实中，语用能力体现为人们在特定语境中语言运用的得体性。

学生学习语言的目的就是在实际交际中，能在相应的语境中游刃有余地运用语言来理解和表达意思。但是，当前我们的语言教学大体上是学院化教学，语言与语境往往相脱离。学校语言教学长期将教授语言要素、语言规律、语言知识及语言使用规则作为教学重点，而忽略与语言相关的语境知识的教授，忽略言语能力的培养，因此学校语言教学效果始终不是太好。

此外，在教学活动中，教师的教学和学生的学习都脱离不了当地的文化背景。因此，在语言教学中，我们也需要注重文化知识的传授，如当地的价值观、审美观、民族文化等。

综上所述，我们可以明确在语言教学中，我们既要注重培养学生语境意识的培养、跨文化交际意识的培养，而且还要注重目的语国家的文化意识的培养。实际上，语言学习并不是单纯依靠语言知识的积累即可取得效果，重点还要依靠语言实践，在不同的语境中主动习得语言。因此，在语言教学中，学生一定要注重语言学习与语境相结合，在语境中获得语言能力的提升。

# 第二章　大学英语教学概述

　　大学英语教学在长期的发展过程中形成了相对完备的理论体系,想要深入了解与研究大学英语教学,就有必要对这一体系展开充分的了解。本章重点介绍大学英语教学的内涵、内容、问题、理论依据、教学原则等,从而为下文的展开做好铺垫。

## 第一节　英语教学的内涵与内容

### 一、英语教学的内涵

#### (一)教学基本知识介绍

　　"现代教学"是一个颇有争议的概念。人们对现代教学的不同理解,大体可以概括为如下三种。第一种理解:20世纪50—60年代以来的教学理论与实践。例如,有人认为:现代教学论是人类进入新的技术革命时代的产物,从时间上说,它是从20世纪50年代末60年代初产生、发展和兴盛起来的。到目前,它已基本上取代了传统教育学,在世界范围内开始被广泛地实践着。第二种理解:以杜威为代表的实用主义教学理论和实践。持这种理解的学者认为,传统教学论和现代教学论,在西方分别指以赫尔巴特和以杜威的教育思想为基础的教学制度、教学原理和方法;在苏联,则分别指20世纪30—40年代的教学体系和赞科夫的实验教学体系。根据这种说法,现代教学论应当开始于19世纪末20世纪初。第三种理解:20世纪50—60年代以来的教学实践和理论,是现代教学发展的一个新阶段，一般称为当代教学。杜威的教学体系是现代教学的一种模式、一个流派。它们都属于现代教学，但只是现代教学的一个局部或一种形态。现代教学是指在大工业生产和商品经济条件下逐步确立、发展起来并继续不断完善的教学，是现代教育的一个重要组成部分，体现着现代教育的一般性质和规律。如此说来，现代教学的时间起点应当上溯到 17 世纪，夸美纽斯以来的教学理论与实践也属于现代教学。事实上，现代教学歧义纷呈，一是受历史学上历史分期理论的影响，二是受哲学流派命名的干扰。我们认为，现代这个限定词，只是一个"能指"而已，它的"所指"应当是不断生长、不断更新的，因此我们应动态地去把握这个概念，而不能"捆绑式"地把"能指"与"所指"机械地一一对应起来。如果说有什么是不变的话，那就是现代一词所包含的时间上的"最近"(lately)和意义上的"最新"是不变的。

把现代教育视为"建立在工业化、信息化社会基础上的教育"，是把西方近代以来两次重大的社会转型合并在一起。这两次社会转型，一次是 17 世纪以来的由农业社会向工业社会的转变，这次转变在 19 世纪末 20 世纪初达到高潮；另一次是 20 世纪后期发生的由工业化社会向后工业化社会、信息化社会的转变。然而在我国，工业化进程尚未完成，信息化浪潮又扑面而来，改革开放的四十多年，事实上要承担起社会双重转型的任务，这种转型是特殊的，又是极其复杂的。目前一种有代表性的见解是：以信息化带动工业化，实现我国社会的跨越式发展。我国教育的现代化问题，也就是要解决如何承担起促进社会政治经济和文化的整体转型、更新个人的生存意识和改善个人的生存状态的任务，因而对现代教育也不能局限于"单质的"理解，而应充分考虑其特殊而复杂的多质性①。

在一份关于合作学习的文献中，美国人把"竞争的课堂"称为"传统的课堂"，过去所说的"多数民族"（白种人）容易在这种课堂气氛中取得高学业成就，而过去所说的"少数民族"（西班牙裔、黑人、亚裔等）则容易在合作的氛围中取得学业上的高成就。

随着美国人种结构比例的改变，到 21 世纪中期，过去的"少数民族"将成为未来的"多数民族"，因此要大力倡导合作学习。从这个事例，人们也许会得出传统教学是与现代教学对应甚至对立的观点，然而真正的

---

① 裴娣娜. 现代教学论基础[M]. 北京：人民教育出版社，2015.

意义却在于:任何曾经被视为"现代的"东西,只要它不再能跟上历史前进的步伐,不再能适应社会"最近""最新"的要求,就会变成"传统的"东西。不过,"现代的课堂"并不排除"竞争",只是更强调"合作",或者说竞争与合作并存。可见,现代与传统并不是水火不相容,而是经过扬弃从传统中演变或生长出来的。

综上所述,现代教学是一个需要动态把握的概念,它的内涵也随着时代的发展而更新。换言之,它永远是与时间上的"最近"和意义上的"最新"联系在一起的。

### (二)如何定义大学英语教学

大学英语教学是我国高等教育的一门重要课程,而这门课程的内容与社会需要、国家需要、学生需要有着紧密的关系。对于大学英语教学的内涵,可以从多个层面来理解与把握。

作为一项活动,教学贯穿整个人类社会的生产与发展过程中。也就是说,教学在原始社会就产生了,只不过原始社会将教学与生活本身视作一回事,并不是将教学视作独立的个体存在。但是,随着社会的不断发展,教学逐渐独立出来,成为一个单独的形态存在,并对人们的生产生活产生着重要的影响。由于角度不同,人们对教学概念的理解也不同。

## 二、英语教学的内容

英语教学效果的好坏在很大程度上取决于教学内容的选择。在我国,教育部门对英语教学的内容选择十分重视,一直在研究与完善的过程中。下面就来简要介绍英语教学的具体内容包括哪些方面。

### (一)语言知识

众所周知,想要掌握一门语言,必须熟悉这门语言的语音、语法、词汇、语篇、句法、功能等知识,这对于英语学习而言同样也不例外。学生掌握英语这门语言的前提就是学习这些知识,将这些基础知识牢牢把握好,并在此基础上提升自身的语言综合运用能力。英语与汉语作为两种存在鲜明差异的语言,中国学生必须要形成英语思维,并利用英语思维学习英语,如此才能取得事半功倍的效果。

## (二)语言技能

大学生在学习英语的过程中,掌握英语语言知识是基础,同时还要在英语语言知识的基础上掌握更多的英语语言技能,包括听、说、读、写、译。例如,听力技能的掌握可以帮助学生识别、分析、理解话语含义,提升自身的听力能力;口语技能的掌握主要是为了提升自身的语言输出以及表达思想的能力。

## (三)文化知识

语言与文化密不可分,学习一门语言,必然离不开对该门语言背后的文化的学习。一旦语言教学离开了文化教学的底蕴,那么这种语言教学也就不再具有思想性和人文性的特点了。所以,教师在教授学生学习英语的过程中,一定要引导学生了解语言背后的文化知识,如英语所在国家的地理、人文、习俗、生活、社会、风土、人情等。

# 第二节　大学英语教学的问题

## 一、教学环境问题

## (一)大学生英语教学物理环境的问题

### 1. 英语教学设施欠缺

当前,很多多媒体技术、网络技术在大学英语教学中应用,使课堂气氛更为活跃,但是经过长期使用,也出现了设施老化、数量短缺等情况,尤其是现在大学扩招严重,使教学设施更为短缺。这些对于英语教学质量而言非常不利。对于英语教学而言,当然小班课最好,但是由于教室数量、教师数量等问题,导致不得不合班上课,同时由于设施问题,扩音设备陈旧,导致学生丧失了学习的兴致,精读课成了听报告,听力课成了放录音、对答案,这样的课堂必然导致英语教学水平下降。

**2. 空间环境安排失当**

(1)课时少,学习周期短

当前的大学英语教学课时较少,学生学习的周期较短,这就导致很多教学任务完不成,即便是降低了教学的要求,对某些教学内容进行删减,也很难完成教材中一般课文的讲解及英语技巧的学习。

(2)课堂活动时间设置不合理

第一,在设计活动时未考虑周全,如设置导入活动过多,占据过多时间,导致真正的课堂内容未介绍完全,教师不得不缩减真正的内容。

第二,教师未控制好教学的节奏。

第三,教师对学生的知识水平未充分了解,导致将目标设置得过高,影响了教学的预期效果。

第四,教师未发挥群体的作用,未重视学生的监督与参与作用。

第五,教师未开展多样的课外活动。

第六,教师未充分利用外教资源,未给予学生足够的平台与外教展开交流。

第七,在课堂上,教师未强调实践的作用,没有给学生营造有利于语言运用的环境。

## (二)大学生英语教学心理环境的问题

**1. 学风问题**

当前,大学生的学风问题主要有如下几种。

(1)上课迟到

这一现象在大学生群体中非常普遍,尤其是早晨的课,很多学生不起床导致迟到。如果追究其根源,都是因为对课程不重视,觉得迟到没什么关系,反正教师也不会批评或者责罚。而且,越是人数多的课堂,迟到现象越严重;越是高年级的学生,迟到现象越严重。

(2)旷课

除了上课迟到,旷课现象在大学校园中也非常常见。这反映出两大问题。

学生方面：学生未认识到英语课程的重要性，对于综合素质的提升缺乏自觉性，学生只是为了应付考试。有些学生将兼职作为大学的主要活动，认为赚钱比学习更为重要。

教师方面：课程设置得并不合理，甚至有些教师对英语课堂的投入不足，授课内容不具有新颖性。

（3）考试作弊

之所以出现考试作弊的现象，主要由两点原因。

客观原因：考试形式较为僵化，考场纪律不严格。

主观原因：学生存在侥幸的心理，学生为了获取高的成绩愿意冒险。

## 2. 英语课堂教学氛围不和谐

（1）教师未转变自身角色，更新教学理念

教师只有对学生给予尊重与理解，才能激发学生学习的热情，提升他们投入英语学习的信心。因此，教师应该创造多种条件，让学生愿意去学习。但是，当前很多教师在学生面前摆出一副高高在上的姿态，保持着自身的权威性，未将自己融入学生之中，导致师生之间存在明显的不和谐。

（2）教师未适应时代要求，调整教学手段

随着时代在发展，社会在进步，新的教学理念下产生了很多新的教学手段和方法，但是现代很多英语教师，未将先进的教学手段融入教学之中来对英语教学进行优化，导致学生不愿意投入学习。同时，在教学中，教师也未对学生投入情感，导致让学生体会不到和蔼的感觉，学生与教师的关系显得更为紧张。

## 二、师资水平与教法问题

### （一）大学英语教师存在的问题

当前，随着高校扩招，学生人数剧增，导致教师队伍与高校所需之间存在明显的差距。

（1）教师的教学任务繁重

当前,英语教师数量不足已经成为制约大学英语教学的突出问题之一。一名教师甚至承担着好几个专业的英语教学任务,显然英语教师的工作非常繁忙。

（2）教师队伍结构不合理

具备高级职称的教师并不多,很多教师为刚入校教学的新教师,执教能力还所有欠缺,因此很难完成高深的教学任务,只能依靠那些资历老的教师,这样也造成了资历老的教师压力大、资历新的教师没任务。

（3）教师创新意识与科研能力不高

很多高校对科研的重视力度不够,尤其很多领导、教师认为英语只是一项工具,只要能用英语沟通就可以了,从而导致很多英语教师没有创新意识,也不进行科研工作。同时,很多高校英语教师所占比例低,缺乏科研骨干与带头人,导致高校英语教师的科研工作也很难开展起来。

（4）教师队伍的综合业务水平不高

要想培育出优秀的学生,就必须具有高超水平的教师。近些年,很多高校英语教师都是从大学刚刚毕业,从学生转向教师,当然也需要院校的培养。但是,很多高校忙于扩招,并未解决扩招带来的各种问题,在教师的培训上也未下多大功夫,导致教师队伍的整体综合业务水平不高。

（5）缺乏双师型教师

当前,很多高校的英语教师虽然具备英语基础知识,但是缺乏专业英语知识,如学生是学物流的,他就需要学习物流英语;学生学习计算机的,他就需要学习计算机英语等。但是,很多教师对于专业英语并不熟悉,也不了解专业类的词汇,导致这样的英语教学不利于学生以后的工作和生活。

## (二)大学英语教师教学层面存在的问题

### 1. 教学方法缺失型

对于学生学习情绪起作用的最重要外部因素就是教师。

一方面,教师对学生的态度对于学生的学习态度产生影响。现代很多教师认为大学生是成年人,具有了独立的思想、较强的自学能力,因此教师不必要管太多,上课来去匆匆,很少与学生进行深入交流,师生之间的关系较为冷淡,这就容易导致学生产生消极的学习态度。

另一方面,英语这门学科的实践性很强,由于受传统教学的影响,很多大学英语教师仍旧将教学重点放在词汇、语法上,教学模式较为单一,忽略了学生的自主学习与实践,课堂气氛非常沉闷,对学生的英语学习并未给予恰当的方法指导,久而久之就导致学生对英语学习缺乏兴趣,产生厌烦心理。

2. 师源误导型

由于教师教学水平存在差异,加上缺乏职业责任感,导致很多英语教师在教学中缺乏耐心,不能引导学生掌握恰当的学习方法,导致学生的英语学习中遇到各种困难。加上学生本身的英语水平存在差异,一些学生总是沉浸在挫折中学习英语,这样的学习很难形成成就感。

## 三、教学理念问题

### (一)理论层面存在的问题

任何教学都需要理论做指导,任何理论也都随着社会不断发展。但是,在当前的大学英语教学中,很多教师沿袭传统的教学理论,未对理论做重新认识,导致故步自封,不能与时俱进,很难为学生搭建有利于学生英语素养提升的平台,同时实践教学也只是为了应付,这样的教学理论也就称不上理论了,对于大学英语教学的质量产生了极大的影响。

### (二)操作层面存在的问题

在操作上,教师的教学核心观是"仓库理论",将学生作为一个容纳知识的容器,将教与学分离开来,并未将学生视作一个发展的人,很难促进学生的和谐进步与发展。

由于教师的思想不够开放,并未对自己的思想进行更新,对教授的内容也不与时俱进,在思想上也未树立全面发展与素质教育的理念,导致这样的教学非常闭塞,学生也没有展开实践的机会。

### (三)学科层面存在的问题

从学科层面来说,大学英语教师欠缺对学生进步与发展的关注,这主要表现在如下几个方面。

第一,教师缺乏"对象"意识。很多大学生的英语基础薄弱,教师在教学中缺乏信心,往往在课堂中唱独角戏,不能与学生进行互动,认为只要自己讲过了就可以,不管学生能不能接受。实际上,在教学中,离开了学,就谈不上教。教师没有树立以学生为本,只能以失败告终。

第二,教师没有"全人"意识。学生发展是全面的发展,不是某一方面的发展。大学英语教师往往过高估计自身学科的价值,认为学生只要通过考试就可以拿到毕业证书。同时,在授课中,未将人文教育、思政教育融入其中,不利于学生全面的发展。

## 四、教学模式问题

### (一)英语教学模式单一

当前,大学英语教学主要是以讲解为主,在每一堂课的教学中,教师对词汇、语法知识等进行重复,未能带动学生的学习积极性,不能让学生参与其中。这样的教法主要是为了应对考试,因此选择的讲授内容很多都是四级考试题目。

这种教学方式单一,缺乏学生所需的环境,忽视了学生的主体地位,师生之间也缺乏互动性,导致学习效率低下。

### (二)不能构建大学英语 HLBD 教学模式

当前,大学英语教师在课堂上讲得非常辛苦,但是学生也就仅仅记住了几个单词、几种语法,在实际的运用中仍旧听不懂,也说不出口。

大学英语教学应该培养学生以"探究·合作·自主·人文"为特点的学习方式,强调学生不仅注重理论的学习,还要注重实践,教师也应该让学生参与到课堂中,不仅促进师生之间的了解,还能够提升教学的效率。

# 第三节　大学英语教学的依据

　　大学英语教学实践的开展必然建立在一定的理论基础上。只有以合理的、科学的理论作为指导，大学英语教学实践才能顺利开展，才能真正地有理可循。具体来说，大学英语教学需要以语言学理论、二语习得理论等理论作为指导，本节就对这些理论展开分析①。

## 一、语言学基础

### （一）行为主义语言学

　　按照行为主义的观点，语言从本质上看是一个由习惯构成的系统，语言学习和其他类型的学习一样是一个习惯形成的过程。行为主义者认为包括语言在内的人类行为可以用刺激—反应论来解释。根据这一观点，在语言学习过程中，学习者会对环境刺激：stimulus，这里指语言输入，如"How are you?"（你好吗？）做出反应：response，如"Fine，thank you，and you?"（很好，谢谢。你呢？）

　　一旦达到了预期的效果（如完成了"打招呼"这一目的），这一反应便会得到强化，当强化的次数足够多时，习惯便会形成。一旦反应没有达到预期效果，则可能会出现交际失败的情况。这时学习者会重新做出反应，直至成功。行为主义心理学认为，获取新语言知识的过程也就是新习惯的形成过程，因此行为主义者提倡在教学中进行大量的句型操练，以帮助学习者形成合适的习惯②。

### （二）社会语言学

　　社会语言学主要研究社会的方方面面对语言使用造成的影响。它

---

① 邹倩,张鲲,席玉虎,等. 基础英语教学研究[M]. 北京:中国原子能出版社,2017.
② 吴得禄. 英汉语言对比及翻译研究[M]. 成都:电子科技大学出版社,2016.

与语言的社会学不同,后者主要关注语言对社会造成的影响。社会语言学与语言人类学密切相关,与语用学研究多有重叠之处,其研究话题中与二语习得密切相关的一个概念是交际能力。社会语言学重视对语言社区的研究。语言社区指以独有的、彼此相互接受的方式来使用语言的特定人群。要想成为某一语言社区中的一员,人们必须具有相应的交际能力。这一能力不仅包括语音、词汇、语法以及其他语言结构知识,还涉及说话者使用和解读语言形式时所需要的社会和文化知识。

交际能力是海姆斯于 1972 年提出的,他将乔姆斯基提出的语言能力进一步拓展,认为在习得母语时,儿童不仅要习得语法能力,而且要习得其他能力以决定什么时候说话,什么时候不说话以及与何人,在何时、何地,以何种方式交谈什么。海姆斯将这种根据既定的社会场合选择使用适当的语法知识的能力称作社会语言能力,其交际能力模型包括知识和使用能力,其中知识包括语法能力和社会语言能力①。

## (三)认知语言学

在很大程度上,认知语言学的兴起是源自对形式语言学,尤其是生成语言学的局限性的不满。生成语言学的主要任务之一是推断人类语言所共有的原则和参数。然而,事实证明,探索这种原则非常困难,现有发现只不过是少数几句非常有限的关于语言特征的陈述①。根据《牛津认知语言学手册》,认知语言学研究的是语言的认知功能,这里"认知"是指在我们与世界接触中,处于中介地位的信息结构所起到的关键性作用。从认知角度而言,认知语言学和认知心理学具有相似之处,均假设我们与世界的交往是在大脑中的信息结构的调解下进行的。不同之处在于,认知语言学比认知心理学更为具体,其研究的焦点是自然语言是如何作为一项工具来组织、加工和传递信息的。因此,语言被视为世界知识的存储器,它将各种具有意义的范畴按照一定的结构存储在一起,可以帮助我们处理新的体验,并存储关于以往体验的信息。

认知语言学否认语言习得机制的存在,认为理解和产出语言所应用的认知能力与执行其他任务时应用的认知能力没有本质上的区别,这些能力包括比较分类、模型探索和混合等。语言知识和学习是以使

---

① 张允. 外语教与学的理念和方法[M]. 天津:南开大学出版社,2015.

用为基础的。人们从每天接触到的语言输入中做出关于形式和意义的关系、典型模式和认知图示的判断,并不断地对心理词汇做出调整。在理解交际者的交际意图时,除了关注他们所说出的词语外,人们还需要借助关于所谈论话题的一般性知识以及对交际者所要表达的意义的期待。换句话说,人们听到或阅读到的词语所起的作用仅仅是诱发一系列的认知过程,在这些认知过程中,人们需要借助百科知识来填补剩余缺失的信息①。

## (四)生成语言学

随着乔姆斯基 1959 年在 *Language* 杂志上发表对斯金纳的《语言行为》一书的评论,行为主义心理学受到了严峻的挑战,人们对语言习得的研究重心从外部影响开始转向学习者的内部因素。语言系统如此复杂,儿童却能够在认知能力尚不健全的情况下轻而易举地获得母语能力。人们开始尝试探索这一关于语言学习的逻辑问题。显而易见,行为主义心理学的机械模仿论无法提供关于这一问题的合理解释②。

事实上,儿童在学说话时并非一直在模仿成年人。儿童的语言知识和语言能力在很大程度上超越了他们从所获取的语言输入中能够学习到的知识和能力,解释这一现象的一个较为充分的理由是儿童在习得母语时能够从所听到的有限的句子中提取出抽象的语言规则。毋庸置疑的是,这些语言规则远远超出了儿童的认知能力。那么,这些规则是如何习得的呢?回答这一问题,需要借助乔姆斯基的语言能力内在论。

乔姆斯基认为,语言能力是与生俱来的,儿童一生下来便具有人类语言所共有的知识,即普遍语法,这部分知识存储在人脑的一个组成部分——语言功能中。对于乔姆斯基来说,儿童之所以能够习得语言,关键在于其内在能力。即便如此,乔姆斯基并没有完全否认语言输入在母语习得中的作用,因为根据他的理论,儿童固有的语言知识需要借助语言输入才能够被激活。也就是说,虽然语言能力是天赋的,但是离开早期的语言输入,儿童不可能习得语言,狼孩的故事便是佐证之一③。

---

① 黄燕鹏."互联网+"背景下大学英语教学体系的反思与重建[M].成都:电子科技大学出版社,2018.

② 张允.外语教与学的理念和方法[M].天津:南开大学出版社,2015.

③ 邹倩,张鲲,席玉虎,等.基础英语教学研究[M].北京:中国原子能出版社,2017.

随着语言学研究重心转向语言的内在规则,二语习得研究从语言教学转向对语言学习过程的研究,开始关注学习者在语言建构中的创造能力。学习者不再被认为是语言刺激的被动接受者,而是在语言学习过程中主动和具有创造性的参与者。于是,研究视角从对比分析转向错误分析、语际语研究监察模式等领域[1]。

## (五)功能语言学

从功能角度对语言做出的研究可以追溯到 20 世纪初期的东欧的布拉格学派。功能语言学与结构主义语言学和生成语言学不同,他们强调话语的信息内容,将语言视为交际系统而不是语法体系。从功能角度对二语习得做出的研究认为,研究的焦点应该是在真实情景中的语言使用,而不是学习者内在的语言知识;语言的目的是用于交际,因此语言知识的发展离不开交际使用;他们关注的范围不再是句子,而是话语结构和语言是如何在交际中使用的以及交际中除了语言之外的其他方方面面的因素[1]。

功能语言学派中影响最大的是 20 世纪 50 年代末韩礼德开创的系统功能语言学。韩礼德认为:"学习母语就是学习语言的使用和与语言相关的意义,或者说是意义潜势。结构、语词和声音是意义潜势的实现形式,学习语言就是学习如何表达意义。"韩礼德认为,儿童在习得母语时普遍掌握了以下七个语言功能[2]。

(1)工具功能,即语言可以被用来做事情的功能。

(2)调节功能,即语言可以被用来调节他人的行为的功能。

(3)交往功能,即语言可以被用来和其他人交流的功能。

(4)自我表现功能,即语言可以被用来表达自我的功能。

(5)启发功能,即语言可以被用来探索周围世界的功能。

(6)想象功能,即语言可以被用来创造想象中的世界的功能。

(7)展示功能,即语言可以被用来表达命题、交流见闻的功能。

韩礼德认为儿童在语言习得过程中所习得的语言结构是围绕这七个功能展开的。因此,语言的发展与儿童的社会需求和个人需求密切

---

① 张允. 外语教与学的理念和方法[M]. 天津:南开大学出版社,2015.

② 邹倩,张鲲,席玉虎,等. 基础英语教学研究[M]. 北京:中国原子能出版社,2017.

相关①。

韩礼德对外语教学的影响巨大,如在其语言功能和语言选择等理论的影响下产生了交际教学法,在其语言变体理论的影响下产生了特殊用途英语教学方法,在其情景语境和文化语境理论的影响下产生了以文化为基础的外语教学法,在其语境与意义之间的关系的理论下发展了体裁理论,并产生了以体裁为基础的教学方法,在其功能理论的影响下产生了新的课程设置理论。

功能语言学派中另一个较有影响的研究视角是功能类型学。功能类型学主要研究目的是通过对比分析世界语言来描述不同语言之间的相似性和差异性,以确定哪些语言结构和范式出现的频率高,哪些语言结构和范式出现的频率低。功能语言学研究中的一个关键概念是标记性。一般认为,如果一个语言特征与其他同类特征相比更为常见,其结构或概念更为简单,那么这一特征则不具有标记性或者标记性较弱②。比方说,两个人在街上见了面,寒暄之后,其中一个说:

"A nice today, isn't it?(天气不错,不是吗?)"

如果另一个人回答说:

"Yes, it is.(是的。)"

这一回答较为常见,一般认为不具有标记性。但是,如果后者说:

"A nice day? I don't think so. Look, it's cloudy, and …(天气不错?我不觉得。看,阴天……)"

这一连串的话语在这样一个交际场合并不常见,属于标记性用法③。

功能类型学在一定程度上可以用于解释二语习得过程中出现的一些现象。比如,为什么某一语言特征与其他语言特征相比习得起来更加困难?根据相关研究,二语中的非标记性用法更容易习得,会更早在学习者的二语输出中出现,而标记性用法不仅会给二语习得带来更多的困难,而且在学习者的二语输出中出现的时间也相对较晚。因此,在外语教学中,标记性用法应当受到教师和学习者更多的关注。

---

① 邹倩,张鲲,席玉虎,等.基础英语教学研究[M].北京:中国原子能出版社,2017.
② 张允.外语教与学的理念和方法[M].天津:南开大学出版社,2015.
③ 薛国民,周阳.校园交际英语[M].苏州:苏州大学出版社,2003.

## 二、发展中的二语习得研究

### (一)交际假设

根据《二语习得关键术语》,交际指学习者与他人之间的对话,而交际假设探讨的是此类交际是如何影响二语习得的。

关于这一问题,交际假设做出了两个主要的论断。

(1)可理解性语言输入是二语习得的必要条件。

(2)在围绕交际问题进行磋商的过程中,对话语的交际结构进行的修正有助于帮助二语学习者理解语言输入。

根据交际假设,通过交际,学习者或许能够被引导去关注那些他们在其他情况下关注不到的内容,起到这种引导作用的因素包括输入修正和信息反馈,其中输入修正是指其他说话者会根据对学习者所遇到的理解困难的感知来调整自己的话语,而信息反馈是指其他说话者会以某种方式告知学习者他们使用了一些非母语化的表达。

埃利斯对交际在二语习得中的作用进行了深入探讨,并对交际假设中存在的问题进行了详细论述,同时结合二语习得中三个基本过程对交际假设进行了修正。

修正后的交际假设如下。

(1)可理解性输入促进二语习得,但并不是必要条件,也不是充分条件。

(2)对输入进行的修正,特别是在对交际问题进行磋商的过程中进行的修正,可以使语言习得成为可能,但条件是学习者能够修正。

(3)如果交际要求学习者对自己起初的语言输出进行修正:这种交际将促进二语知识的融合。

埃利斯认为,事实表明,有些语言结构可以在脱离语言输入的情况下被习得,因此关于可理解性输入的论断应该更加温和一些,即可理解性输入在二语习得中起到促进作用,并不是二语习得的必要条件。

此外,对于二语习得来说,经修正后的语言输入的重要性在于,它使习得成为可能,而不是它能够导致习得产生。埃利斯还明确了确保修正后的语言输入能够起作用的前提条件,即修正后的语言输入要能够帮助学习者开启语言习得的初期程序——注意和比较。新的交际假设还融入了语言输出的作用,认为输出能够促进新的语言知识的融合。

## (二)对比分析

行为主义心理学对早期二语习得研究的影响主要体现在对比分析理论上,该理论的经典著作是著名语言学家拉多于 1957 年出版的《跨文化的语言学》。总体来说,从对比分析角度对二语习得做出的研究主要致力于通过比较一语和二语的异同点来对学习者在二语学习中可能遇到的困难进行预测和解释,目的是提高语言教学和测试的效率[①]。

对比分析理论认为,语言学习中存在迁移现象,即一语中形成的一些习惯或获取的一些元素会对二语学习造成一定的影响。如果某种结构或表达习惯在一语和二语中均可接受,那么就有可能发生正迁移,正迁移对二语习得有促进作用;如果一语中的某种结构或表达习惯在二语中属于不正确的用法,那么就有可能发生负迁移,负迁移对二语习得会产生干扰。

通过对两种语言进行对比得来的信息可以为课堂语言教学安排提供理据,以便教学活动集中围绕预计最需要学习者关注和练习的语言结构展开,并按照难度来对二语结构进行排序[②]。

从实用角度看,对比分析研究的出发点是为了服务语言教学和测试。因此,从严格意义上讲,此时的二语习得研究还没有脱离语言教学,尚未形成一门独立的学科,而使二语习得逐步成为一门独立学科的研究是错误分析。错误分析理论的出现源于对对比分析研究的批判。关于拉多对于负迁移的论述,人们发现有些预计会发生的负迁移并没有出现,而二语学习中出现的一些错误也不能够用负迁移来解释,于是人们开始转向对学习者错误本身进行研究,以期从中发现二语学习的规律[③]。

---

① 张允. 外语教与学的理念和方法[M]. 天津:南开大学出版社,2015.

② 吴文亮. 信息化时代大学英语教学理论的解构与重塑[M]. 长春:吉林大学出版社,2019.

③ 邹倩,张鲲,席玉虎,等. 基础英语教学研究[M]. 北京:中国原子能出版社,2017.

## （三）输出假设

根据《二语习得关键术语》，输出是指学习者在交际过程中，或者是为了表达某一信息时，产出的语言，而输出假设，是斯温于 20 世纪 80 年代提出的。斯温认为，二语习得领域过多强调语言输入，而忽视了语言输出在二语习得中的作用。她以加拿大浸入式教学项目为例对此进行了论述，指出虽然经过了多年的浸入式学习，学习者的语言能力与母语者相比依然存在明显的差距。斯温认为，造成这种现象的原因是缺乏语言输出，于是为了回应克拉申提出的可理解性输入假设，她提出了可理解性输出概念，并从若干角度对可理解性输出的作用进行了详细论述①。

斯温认为，在语言学习中输出能够促使学习者对语言进行更加深入的加工，不管是在说或是在写的过程中，学习者均需要努力拓展自己的语际语以满足交际的需要。在产出语言时，学习者需要创造语言形式和意思，并在这一过程中发现自己的所能和所不能，因此斯温认为输出或许能够激励学习者从理解过程中所涉及的语义加工转而关注准确产出外语所需要的语法加工。据此，富有意义的语言产出在学习者语言能力的发展过程中理应起到重要的作用②。

后来，斯温受到社会文化理论的影响，将输出的概念进一步扩展，视其为社会建构的认知工具，认为在二语学习中对话可以构建语言知识，对话可以让学习者的表现超出其语言能力的限制，可以使语言使用和语言学习同时发生。斯温所说的对话是指协作对话，在这样的对话中学习者既要解决问题，也要构建知识。她赞成韦尔斯的观点，将话语同时视为过程和产品。根据这一观点，在说话的过程中，学习者需要构建意义，产出能够被自己和他人回应的话语，并在这一过程中达到更为全面更为清楚地理解。同时，所说过的话语也将成为供自己或他人探索的目标产品。在通过实例对协作对话进行分析后，斯温指出，能够鼓励学习者既要反思语言形式又要关注意义构建的学习任务，对于学习语法来说尤为重要。在这种学习任务中，通过"说"以及对所说的话语进行的反思，学

---

① 邹倩,张鲲,席玉虎,等 . 基础英语教学研究[M]. 北京:中国原子能出版社,2017.

② 张允 . 外语教与学的理念和方法[M]. 天津:南开大学出版社,2015.

习者可以构建新的知识①。

## （四）错误分析

错误分析的经典代表作是科德于 1967 年在 *Intenational Review of Applied Linguistics* 杂志上发表的"论学习者错误的意义"一文。在该文中，科德对语言输入提出了新的看法，他认为语言输入是指"实际进入而不是能够进入的内容"，而且能够对语言输入，或者更恰当地说是语言吸入进行控制的人不是任课教师，而是学习者自身，因此在课堂上仅仅将某一语言形式展现给学习者并不一定能够确保该语言形式能够成为语言输入②。科德还认为，在母语学习环境中，可以作为语言输入的数据相对来说是巨大的，但是儿童可以自行决定选择哪些数据作为语言输入。显然，科德所讲的语言输入并不是指学习者所接触到的所有目标语材料，他引入了学习者的主观意识，将语言输入上升到了语言吸入的层面，认为语言输入是指学习者所察觉到的那部分目标语材料。但可惜的是，科德并未对语言吸入进行深入的探讨，也没有分析学习者是如何从巨大的目标语数据中选择部分材料作为语言吸入的，而是将研究的视角随后转向了对学习者错误的分析上②。

科德区分了行为错误和能力错误，认为前者是机会使然，不具有系统性，并将其称为失误。他用错误专指学习者所犯的系统性错误，这些错误有助于了解学习者现有的二语知识。科德认为错误的作用主要体现在三个方面。

（1）通过系统分析学习者所犯的错误，任课教师可以了解他们所取得的成绩以及今后有待学习的内容。

（2）学习者所犯的错误能够给研究者提供证据，以便探究语言是如何被学习或习得的以及学习者在语言探索中所采用的策略或程序。

（3）犯错误应当被视为学习语言的一个手段，因此对于学习者来说是必不可少的，这一点从一定程度上看是错误最为重要的意义。

## （五）注意假设

施密特关于注意在二语习得中的作用的经典论述见于他在 1990 年

---

① 邹倩,张鲲,席玉虎,等. 基础英语教学研究[M]. 北京:中国原子能出版社,2017.
② 张允. 外语教与学的理念和方法[M]. 天津:南开大学出版社,2015.

发表的"The role of consciousness in second language learning"一文。在该文中,施密特对意识的三个含义进行了区分,即作为觉察的意识。作为意图的意识和作为知识的意识。其中,作为觉察的意识又分为感知、注意和理解三个层面。这里第二个层面,即注意,对施密特最终形成的假设贡献最大。施密特以阅读为例对注意这一概念进行了阐释,认为在阅读时,我们通常会注意阅读材料的内容,而不是文章句式的特殊性、文章的风格、隔壁收音机播放的音乐或者是窗外的背景噪音。

当然,我们依然能够感知到这些竞争性刺激的存在,并且根据自己的选择也有可能去关注它们。注意是一种个人经历。当我们注意到环境的某一方面时,我们可以去分析它,并拿它和我们在其他场合注意到的东西进行比较,还可以对意识到的东西进行反思,并试图理解它们的意义。

## (六)语际语

语际语是指处于一语和二语之间的一种中间状态,是至少在一定程度上孤立于一语和二语的一种独立的语言系统。20世纪六七十年代,密歇根大学应用语言学家塞林科等人从语际语角度对二语习得进行了探讨,认为语际语的发展过程是一个创造性过程,受到内在动力和环境因素的共同驱动以及一语和目的语语言输入的共同影响。

塞林科从心理学角度对二语学习进行了探讨,指出在二语学习中,学习者用其母语发出的话语、用语际语发出的话语和以目的语为母语的人用目的语发出的话语三者之间在心理层面上是相互关联的。塞林科认为二语学习中有以下几个关键过程:语言迁移、训练迁移、二语学习策略、二语交际策略和目的语语言材料的过度概括。

塞林科在分析上述五个关键过程前结合实例对语际语石化现象进行了分析,指出可石化的语言现象是指讲某一特定母语的说话者在与某一特定目的语相关的语际语中所倾向保持的语言项目、语法规则和子系统,这些语言特征不会随着学习者年龄的增长以及后续关于目的语的解释和教学而发生变化。结合上述五个关键过程,塞林科认为,如果可以通过实验证明,语际语行为中出现石化的语言项目、语法规则和子系统是受到学习者母语的影响而产生的,其中所涉及的学习过程便是语言迁移;如果石化现象是由于训练过程中某些可以明确识别出的内容所造成的,其中所涉及的学习过程便是训练迁移;如果石化现象是由于学习者处理学习材料的方法所导致的,其中所涉及的学习过程便是二语学习策略;如果石化现象是由于学习者与以目的语为母语的人进行交流的方式所造成的,其中所涉及的学习过程便是二语交际策略;如果石化现象是明显由于对目的语规则和语义特征的过度概括造成的,其中所涉及的学习过程便是目的语语言材料的过度概括。

# 第四节　大学英语教学的原则

大学英语教学原则是从大学英语教学的任务与目的出发,基于教学理论的指导,经过长期实践总结出来的教学经验。这些教学原则是教师对教材进行处理、选用科学的教学方法、提升自身教学质量的指南针。

## 一、以学生为中心原则

大学英语教学需要坚持以学生为中心的原则。在学习过程中,学生考虑自身的特点与实际水平,主动参与到学习之中,选择与自己能力相匹配的内容。在人际交互过程中,学生能够主动地思考,并动手进行操作,从而激发学生学习的主动性与积极性。

## 二、主导式自主学习原则

以信息技术为核心的现代信息技术逐渐进入外语教育领域。这就导致以教师为中心的传统教学转向以学生为中心、以教师为主导的教学,以单传授知识与技能的教学转向既传授知识与技能,又注重语言运用能力与学生的自主学习能力的培养的教学。

也就是说,当前的大学英语教学应该以信息技术为依托,集合文字、图像等为一体,通过运用各种传播手段,以个性、开放的形式对大学英语教学的信息加以存储与加工,并进行传播,将信息技术与大学英语教学紧密结合,将课堂教学与信息技术学习紧密结合,以学生为中心,学生展开以教师为主导的自主学习,即为主导式自主学习。简单来说,主导式自主学习即一种有目标指向的积累性的学习方式,学生基于教师的主导,在宏观目标的调控下,从自身的需要与条件出发,制订并完成具体目标的一种学习方式,其主要表现为教师在学习中充当参与者的身份,学生将自身的独立性与主观能动性发挥出来,实现教师与学生的良性循环与有机结合。

在主导式自主学习中,主导指的是教师创造一切与学生学习相关的环境,引导学生建构对周围世界的认知。自主指的是不同于对教师的依赖,而是采用一种独立的方式进行学习,但是这种学习不是自由地学习,而是自主学习,其需要学生形成积极的学习态度,对自己的学习内容、学习目的有明确的认识,并采用恰当有效的方式展开学习。同时,这种自主还强调基于目标的指导,学生要进行自我调控,主动参与到学习之中,并努力实现目标。

虽然自主与主导有着不同的视角,但是二者对于世界的认识、对于知识的整合以及对意义的建构等的实效性与主动性都非常注重,都是将提升学生的素养作为着眼点。就这一意义来说,二者是密不可分的关系,自主以主导作为航标与指向,主导以自主作为助推器与支撑单位。

## 三、多元互动教学原则

教学是人与主体之间交流情感与思想的过程。教学的效果好坏并不取决于教与学,而是取决于教与学主体间的互动结果。所谓多元互动教学,即在信息技术环境下,大学英语教学中教师与学生之间、学生与学生之间、教师及学生与机器之间的相互作用,是一个以促进学生主体认知重组为基础的多层次的交互活动,目的是实现意义的建构。

多元互动教学使现代大学英语教学的教师、学生、教材等要素形成了立体的网络,学生置于真实的情境之中,运用自身所学的知识与技能,通过对一系列的语言实践活动进行观察,并不断进行探索与试验,逐渐掌握语言知识与技能的意义。就这一层面来说,互动在语言教学中被认为是运用语言最本质的特征,是学生获取外语知识的一条必经之路。

在语言教学活动中,语言是知识体系与技能体系的融合,实践性较强。语言教学内容的传授也是教师和学生共同参与的过程,彼此之间通过合作完成任务,从而使学生获取知识。通过多元的互动,学生能够不断发现语言使用的规则以及他们对语言使用的反馈情况,同时将新的语言形式与规则运用到自身的实践之中,通过多种实践,学生可以对语言运用的规则加以感悟,与语言表现形式进行对比,体验语言的社会功能,完善自身的语言体系。

信息技术与大学英语教学的整合导致原有的教学要素进行重新配置,从而产生一个具备外语教学过程的虚拟的、网络的教学环境,为多元互动教学开辟一个新的空间。

## 四、文化导入原则

我国的英语教学将培养学生的英语交际能力作为教学的重点。而成功的交际既需要语言知识,又离不开文化知识。语言是文化的载体,语言离不开文化,语言也不能脱离社会而存在,它是每个民族文化、风俗习惯的一面镜子,也是文化的表现形式。因此,文化导入也是英语教学的一个重要原则,在进行英语教学时要重视英语国家的民族文化和社会习俗,帮助学生了解中西文化差异,扩展视野。在英语教学活动中,我们可以从以下几个方面来进行文化教学。

(1)利用教材渗透多元文化,注意捕捉教材中的文化信息。在教材的处理上,教师可以结合课本内容,不断拓展,引出相关的文化信息,提高学生的英语文化知识水平。

(2)运用真实的情景讲授文化知识。教师要在课堂上深入浅出地引导和讲授文化知识,创造浓厚的语言文化学习氛围。同时,所讲授的文化项目应该与日常交际密切相关,以提高学生的实际应用能力为方向。

(3)认真分析中西文化的差异。教师在日常教学过程中,应加强中西文化的对比,让学生充分了解不同文化之间的差异,促使学生以博大的胸怀接纳不同文化带来的冲击,以减少跨文化交际中不同文化差异所带来的误解。

（4）充分利用多媒体与网络进行教学。大部分电影和录像片的内容本身就是一种文化某个侧面的缩影。教师可以充分利用网络和多媒体资源，让学生多看或多听一些与英语国家有关的文字或影像资料，这也是一种学习外国文化知识的重要方法。这些录像、电影等都能真实地记录和反映该国家的历史地理、风土人情、生活习俗等文化信息。

# 第三章　大学英语生态课堂理论研究

进入 21 世纪,人们认识到人类之所以进步,与生态有着紧密的联系。对于英语教学而言,从生态学层面进行研究也符合可持续发展的规律。可以说,就生态语言学而言,英语教学是一个完整的微观生态系统。

## 第一节　什么是生态课堂

### 一、生态课堂的定义

生态课堂是从生态学的视角出发,对生态状态下的课堂加以研究的学科,其强调教师、学生、教学信息与组织、教学环境等环节要实现和谐统一,是对师生关系、课程结构等进行的新型建构,是一种各个环节之间彼此联系与和谐共生的教学形态。

教育生态学下的课堂是由课堂生态主体和课堂生态客体构成的。生态主体包括教师和学生及其他们的精神面貌和生态特征;课堂生态客体主要指课堂的物质环境和精神环境,其中课堂的光线与照明、颜色与温度、设施与装饰等构成了课堂的物质环境,而教风与学风、学习目的与兴趣、师生关系及社会价值观等形成了精神环境。教育生态学注重课堂教学生态主体间即教师和学生之间的相互关系和课堂生态主体(教师和学生)与课堂客体(课堂环境)之间的相互关系①。

---

① 　杨树芳. 网络环境下英语听说生态课堂构建研究[J]. 海外英语,2021(11):85-86.

## 二、生态课堂的主要观点

生态课堂的第一要义是可持续发展,核心在于以人为本,因此教学中教师应将学生作为主体,教师处于主导地位,促进学生的全面发展,基本方法是保持课堂中各个要素之间的平衡。生态课堂的本质就是焕发生命的活力,激发生命的潜能,提升生命的品质,实现生命价值。

# 第二节　大学英语生态课堂的特征与观念

## 一、大学英语生态课堂的特征

外语课堂本身属于一种微观层面的生态课堂,具有生态系统的功能与结构。具体来说,英语生态课堂具有如下三点特征。

(1)外语课堂有着普通课堂的一般特征,即由师生、环境等各个要素构成。在这一整体之中,各个组分都有着各自的功能,并且每一个组分与整体之间都有密切的联系,构成一个具有强大功能的整体。因此,这一整体就是一个典型的系统,并且具备系统的基本属性。

(2)外语课堂具有生态系统的能量流动特征。在自然生态系统内部,有无机环境、生物群落等内容,课堂生态中又包含师生、环境等各个组分,组分之间存在能量的流动。但是不同的是,课堂生态属于一种社会系统,而不是一种自然生态系统,因此能量的流动并不是从光合作用中来的。社会系统是依靠人的大脑来维持与流动的,在课堂生态系统之中,师生是能量来源,能量通过教与学的活动来实现某种意义上的流动。显然,师生在其中充当了生态系统的生产者的角色。当师生从课堂系统中对能量加以吸收,并促进师生自身的发展的时候,他们又统一异养生物,是作为消费者出现的。当师生将能量进行吸收,并通过自己内在的能量加以输出,他们又充当了分解者的角色。因此,在课堂生态中,师生具备生态系统中生产者、消费者与分解者三种不同的角色和身份①。

（3）外语课堂生态在长时间内部受到外部力量的介入的时候，各个生态因子之间会逐渐趋于固定与稳定，实现一种平衡状态。换句话说，外语课堂生态具有一定的自组织能力，能够实现一种平衡。

## 二、大学英语生态课堂的观念

罗滕伯格和里夫林提出，课堂是由各种相互作用的因子所构成的整体，借用生态研究中的多维互动分析开放课堂中的互动因子，用系统整体的思维去看待教学中的教学主客体、教学环体、教学介体。

1985 年，沃克认为，教师社会行为标准和期望是课堂生态的决定因素，分析了教师对于学生的期望对教师自身的行为、课堂环境和学生学习产生的影响。

1986 年，奥尔古热思（Alogozzine,1986）研究发现，针对不同的课型，教师的教学方式不能千篇一律。

20 世纪末，鲍尔斯（Bowers C. A.）分别从微观方面和宏观方面深入研究了生态课堂教学。S. B. Morrison 认为课堂的生态教学可以从 7 个方面，包括教师、学生、小组、课程、学生群体的关系、教师的数量、课堂活动的顺序。莱昂内等学者以行为失常的儿童行为生态为视角，发现在特殊学校中，行为失调的学生比传统学校正常的学生表现出更低的纪律控制与更高的教师控制。

2010 年，国外学者马歇尔分析了影响生态教学的因素还有课堂中座位与学生成绩和出勤率之间的关系。

从这些研究情况来看，国外学者对生态课堂的研究早于国内，并且研究的维度比较宽，但在具体的英语课堂实践上的研究比较少。国外主要从课堂教学的主体和客体两方面来开展理论研究，把生态学和教育学相结合的规律和法则运用到课堂教学领域，这些研究成果对人们有非常重要的理论参考价值②。

---

① 韩楠. 大学英语教学体系构建与创新性研究[M]. 长春:吉林大学出版社,2020.
② 童琳玲,祁春燕. 演进与变革 网络环境下的英语教学研究[M]. 北京:团结出版社,2017.

# 第三节 大学英语生态课堂教学的现状与本质

## 一、大学英语生态课堂教学的现状

国内生态课堂研究的重要目标就在于构建生态化的课堂,其大致可以有以下两条途径。

(1)非普通生态学的途径,对这一类研究的文章不是很多,大多是在研究理想中的状态,其中也出现了一些非常有利的建议。但是不得不说,这部分内容只是对一种生态理念的描述,并未将生态学理念引入课堂之中,不是本书关注的范畴,因此这里不多论述。

(2)普通生态学的途径,运用普通生态学的理念对生态课堂加以研究,一方面研究理论内容,尤其是生态课堂的概念、特征、要素、功能等;另一方面研究其用于教育实践中,对课堂中存在的问题加以分析,并提出解决的方式。无论是哪一方面,都取得了较为丰富的成果。

潘光文、李森的研究关注生态课堂主体与课堂环境之间的主客互动关系,提出生态课堂具有两个层次:由生态课堂环境与生态课堂主体相互作用构成的宏观层次和生态课堂主体内部的相互作用构成的微观层次(见图 3-1～图 3-3)。

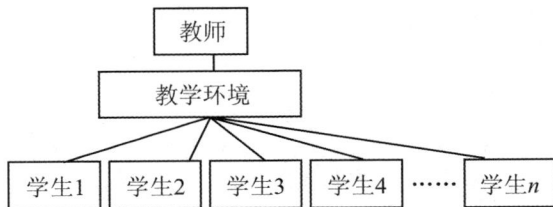

**图 3-1 课堂教学系统结构关系**

(资料来源:孙芙蓉,2013)

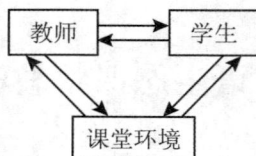

**图 3-2　生态课堂系统基本结构**

注:实线是指课堂生态的基本构成要素,箭头是指课堂生态构成要素之间的物质循环、能量流动和信息流通。

(资料来源:孙芙蓉,2013)

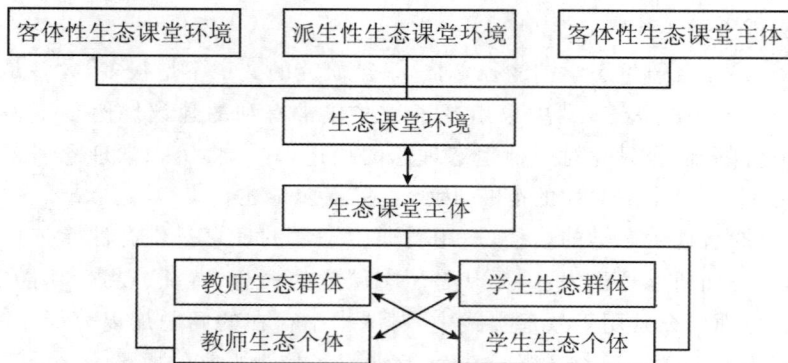

**图 3-3　课堂生态的结构**

(资料来源:孙芙蓉,2013)

根据对生态课堂结构不同的模型进行分析,不同学者提出了不同的模型与理解。

2012 年,学者徐霞认为班级的规模被视为课堂教学的生态环境因子之一,每一个生态因子都有自己的生态位,根据耐度原则和最适度原则,一旦超过了"度",将直接影响课堂教学的效果。

2012 年,方世南在论文中分析了生态课堂的非生态现象,认为课堂环境要绿色多元,教师和学生自然都可以携手共进。

2013 年,学者宫宗缘认为优化精神环境和物质环境同等重要,教师同学之间的相互尊重、关心和热爱,注重学生的情感体验、学习需要、个性发展,做到师生和生生平等。

2014 年,学者吉晓叶认为构建英语生态课堂,需要从教室的结构、规模、色彩等方面入手,力求教师、课堂和学生处于一种动态生成过程,给学生美、自由、安全、家园似的课堂环境。课堂的时空环境包括课堂的时间因素和空间因素,学生发展的关键期和其受教育时间相一致,课堂时间是人的全面发展的前提,可见课堂教学时间的安排一定要符合教育节律,顺应学生的身心发展规律。

2015 年,学者蔺吉敏提出生态课堂是整体相关的课堂,是师生互动、信息交流、生命共进的场所。

2015 年,学者张媛媛提倡在课堂教学中要设置贴近学生生活实际的教学情境,让学生在情境中掌握知识。

2018 年,学者王婷婷认为生态课堂下的英语课堂是各个生物因子相互流通的环境,因此要创建一个生态高效的课堂就要打破课堂中存在的花盆环境。

## 二、大学英语生态课堂的本质

教育要以人为本,因此英语生态教学也应该这样。人的生命发展具有多元性,而学生个体的发展具有多样化,这包含他们身心和谐的发展、个人的求知欲、与他人和谐相处的能力等。

但是,学生个体的发展不能牺牲他人,因为教育面向的是全体学生,所以要兼容并包,对其他学生要予以尊重。因此,英语生态教学的本质就在于通过生态课堂,让学生逐渐汲取成长所需的营养,同时通过物质、能量等转换对生态课堂产生影响,为他人的成长创造条件。可见,英语生态课堂本身是一个良性循环的过程,是物质、能量与信息的转换,不仅促进学生成长,还促进了社会的可持续发展。

# 第四节　大学英语生态课堂的构建分析

无论对于教师还是学生而言,英语生态课堂都是一个全新的教育观念,需要每一位教师付诸自己的心血来经营和追求。要想构建一个完整的英语生态课程系统,这个过程是十分困难的,包含创设课堂环境、和谐师生关系、加强课堂互动、构建多元评价机制等。

对于师生而言,课堂是他们演绎生命意义的舞台。创设一个和谐的课堂环境,是师生能够自由成长的基础与前提。生态课堂创设,不仅涉及物理环境的创设,还涉及心理环境与文化环境的创设。

## 一、物理环境创设

英语生态教学中生态课堂的物理环境,是由自然环境和一些教学设备构成的,自然环境包含照明、光线、噪音等,教学设备包含教师布置、书桌布置等。这些在课堂教学互动中发挥着不同的生态意义与功能。

### (一)适当的光线和照明

在课堂中,适当的照明与光线对于教师和学生都有重要作用,尤其是对学生的健康与心理等。例如,如果光线太弱,那么学生在学习中就会感到视觉疲劳,甚至产生厌倦心理;如果光线太强,那么学生就会受到过度的刺激,从而影响他们的健康等。

### (二)降低噪音

噪音会对人的生理机能产生影响,这是不容置疑的,而且会让人感觉到非常不舒服,也会影响学生的心理,如使他们感到焦虑,记忆力下降,甚至思维变得迟钝等。在教室中,噪声大小与教室位置、班级学生密度有关,与位于城市的位置有关。也就是说,班级人数多,那么噪声就偏大;离城区越近,噪声就越大。

另外,学生对噪声的承受能力会因为个性、性别等产生差异。因此,要想构建一个英语生态课堂,首先在位置上要远离城市中心或者比较喧嚣的地方。其次,对于班级的规模也应该予以控制。一般来说,公共英语的班级较大,教师应该根据具体的情况,对不同形式的教学活动进行安排,从而减少噪音。

### (三)布置教室

作为课堂活动的场所,教室的教学设备、内部构架等都需要精心的设计与安排。教室内课桌的摆放以及墙壁等的布置,是否整洁干净等,都会让师生感觉到精神上的舒适感与愉悦感。

形状不同的教室,其有着不同的优点。一般来说,梯形的教室适合讲座,长方形的教室适合课堂讲授,因为这样的教室便于安排座位;圆形的教室适合小组交流与讨论,这样座位的布置也是圆形的。

## 二、文化环境创设

在英语生态课堂中,文化环境包含物质文化环境与精神文化环境两类。前者指的是符号化与物化的结果,属于一种表层的文化环境;后者指的是态度、情感等,属于一种深层的文化环境。

在英语生态课堂中,物质文化包含课本、教室、教学设备等这些硬性文化,或者可以称为显性文化,这些文化会对人的行为产生不知不觉的影响,因此在创设生态课堂文化时,能够调动各种物质文化的积极性,如班训、班报等,这样可以使课堂更富有气息等。

生态课堂中的精神文化环境包含学生个体的思想与个性发展、学生群体的精神风貌与其他学生之间的关系、师生关系等,这种文化是隐性的,属于一种软文化。对生态课堂中精神文化环境的创设需要将课堂中各个力量凝聚起来,形成具有特色、集体观念的生动课堂。

## 三、心理环境创设

在英语传统课堂中,很多学生受学业压力的影响,存在一定的心理问题。因此,为了减轻学生的压力,教师需要考虑学生的健康情况,为学生创设一个自由、轻松的环境。

首先,家长要转变教育观念,对孩子的期待也要有一个限度,不能给孩子施加过多的压力,这样才能让孩子成为一个健全的人,而不仅仅是一名"好学生"。

其次,教师要做到以德育人、以理服人、以知教人,做到与学生和谐共处,平等相待。

最后,学校应该设立心理辅导课,发现学生的各种心理问题,并给予恰当的解决方法。

# 第四章　大学英语教学生态体系构建的理论依据

对新时代大学英语课堂与生态教育的融合展开研究,必然会涉及一些生态学的基本概念,并运用一些生态学的基本理论,如生态学、教育生态学、生态语言学,同时还会将系统科学理论融入进去进行探讨。本章就具体分析这些理论。

## 第一节　生态学理论

21 世纪被大家视作生态世纪,生态学的理念逐渐融入人们的内心,成为人们生活、工作不可或缺的一部分,也是一种新的理念与方法。由此,很多教育工作者也将研究视角转向生态学,并将其运用于具体的教学实践中。本节就来分析生态学理论及其在大学英语课堂的运用。

### 一、什么是生态学

生态学是研究生物与环境之间相互作用的一门学科,包括生物个体之间、群落之间、生物和非生物之间的相互作用。该词是由自然学家亨利·索瑞于 1858 年提出的,但他没有给生态学以明确的定义。德国著名博物学家艾伦斯·海克尔在其所著的《普通生物形态学》中初次把生态学定义为"研究动物与其有机或无机环境之间相互关系的科学",特别是动物与其他生物之间的相生相克关系。该词由希腊语 oikos 和 logos 发展形成,oikos 表示住所,logos 代表知识,因此对生物"居住"的研究是生态学的本义①。

在这之后,作为现代科学体系中的一个关键学科——生态学,得到了确立并慢慢发展起来。一般情况下,研究环境系统是生态学的范畴。"环境"是指相对于人类创造的世界而言的自然世界。生态学研究自然界的各要素以及各要素之间的互动,包括生存、生命、生产之间的密切关系,体现了整体性、总体性和全面性的特征。

## 二、生态学理论对大学英语课堂的启示

课堂属于一个微观层面的生态系统,其内部教育生态规律是客观存在的,因此生态课堂的构建必须在教育生态规律下,对教学活动进行合理的安排,这样才能提升教学质量。

### (一)限制因子定律对大学英语课堂的启示

生态课堂中的限制因子是达到耐受限度甚至超过耐受限度的一种环境因子。在课堂生态系统中,其主要涉及两种。

#### 1. 物理性生态因子

某种固定的物理性因素出现不够或者过度的情况时,就会导致课堂教学中出现限制因子,对教学活动产生影响。例如:

学习空间的不足或者拥挤的时候,就会对学生产生一定的心理压力。

学习设备达不到学生的需求时,就会导致学生出现精神上的饥渴,对学生的学习兴趣产生影响。

教学媒体的度也会对学习效率产生影响,教学过程中可以通过听觉、视觉等多个通道,对学生的学习加以促进。如果仅仅采用单调的教学媒体,这样会使得课堂教学过于沉闷单一,如果使用教学媒体过度,也会对教学资源造成浪费,学生仅仅停留在表面的视觉冲击上。

---

① 张甜. 当代英语教学变革与生态翻译理论探究[M]. 北京:中国水利水电出版社,2019.

## 2. 人为性生态因子

在课堂生态系统中,除了非生命的物理性因素外,对教学造成影响的其他因素被称为是人为性生态因子,这些因子主要包含如下三个层面。

第一,与课堂教学活动不存在直接相关性的师生活动,如社会调查、课外活动等,教师布置过多的作业,对学生的课下时间进行占用,或者家长对学生的一些课外活动并不支持,导致学生课外活动的展开,成为一种限制因子。

第二,在课堂上,教师、教学管理者、学生等的一些个体或者群体活动,如教师与学生的合作学习等。在课堂上,教师不能仅仅对少数学生加以关注,否则那些处于活跃地带之外的学生就会逐渐对学习失去兴趣。

第三,教材设置、课程设定、各种规章等。教学内容应该与学生的真实生活联系起来,对学生的最近发展区予以关注。如果与学生的生活世界脱离,那么他们的学习就会变得抽象,学习内容就成为课堂教学的限制因子。

## (二)生态位原理对大学英语课堂的启示

生态位指的是每一个物种在群落中的时间与空间位置以及与机能之间产生的某种或者某些关系。任何物种在生物群落中都会有特定的位置,并且也都有着特定的功能,对整个系统的稳定性与完整性进行维持。在课堂教学中,每一位学生也都有各自的"生态位"。在不同的教学过程中,学生所处的生态位也是不同的,分别扮演着不同的角色,如参与者、优胜者、落后者等。

学生自身知识、能力以及教师或者他人的评价等对这种生态位的形成作用非常巨大。其中,教师对学生的评价会对学生的自我效能产生影响,进而对学生的学习成绩产生影响。因此,在教学过程中,教师应该对不同生态位的学生进行平等对待,帮助学生找到适合自己的生态位,从学生的不同特点出发,选择适合自己的教学内容与方法,使不同生态位的学生都能够得到应有的进步与发展。

## (三)耐度定律和最适度原则对大学英语课堂的启示

课堂生态系统中的个体、群体等对每一种环境因素都会存在一定的耐受能力与承受能力,达不到这种耐受度或者过度超过这种耐受度的都会对课堂教学产生不利的影响。在实际的课堂教学中,应该从如下几点来考虑是否实现了最适度。

**1.教学资源的量**

教学资源上要考虑教室、实验室等物质条件是否真的充足,教师是否使用了合理的教学工具、是否控制好教学媒体等。

**2.学生作业的量**

对待同一个教学内容,不同学生的作业耐受度明显不同。教师在布置作业的时候,应该从学生的耐受范围考虑,同时对那些学习能力强的学生适当增加作业量,保证他们能够进行充分地学习。

**3.教学内容的难度**

学生的学习能力存在差异,因此教师应该对知识的深浅度把握好,从不同学生的特点出发,采用不同的教学要求,对不同层次的问题进行设计,让学生找到适合自己的知识。

**4.教学节奏**

教学节奏应该控制得当,如果学生长期处于紧张的状态,对于他们的身体健康非常不利;如果学生长期处于松弛的状态,对他们潜能的发挥也是非常不利的。

# 第二节　生态语言学理论

## 一、什么是生态语言学

"生态语言学"领域存在两个基本概念:语言的生态/语言生态学(ecology of language/linguistic ecology)和生态语言学(eco-linguistics)。二者经过二十多年的发展和评判,当前基本融合成一个统一的概念和学科术语:生态语言学。生态语言学是社会科学,是生物生态学与语言学和哲学的交叉学科。这一崭新的语言学分支研究语言在发展生态、解决环境问题方面的课题。

豪根(Haugen)率先提出了"语言的生态"概念①。他把语言比喻成生物,把语言的社会环境比喻成生物的生成环境。语言与社会环境(包括人)的互动和平衡,就称为"语言生态"。

豪根认为不同环境中习得的语言和习得者的语言态度都是不同的;而语言及其使用受到社会的制约。进入 20 世纪 80 年代后,语言生态学的定义逐渐丰富。但从迄今发表的有关文章和著作中不难看出,豪根的"语言生态学"概念被不少学者认定为"生态语言学"的起源。

## 二、生态语言学理论对大学英语课堂的启示

### (一)教学环境观

众所周知,环境因素对大学英语教学产生重要影响,英语学习是知识、经验与环境互动的结果。这里的环境不仅涉及自然环境、物理环境,还涉及一些非物质因素,如制度、经验等,甚至还包括一些大的层面,如社会环境、人文环境等。因此,英语学习要注重学生与环境之间产生的互动作用,强调学生是在与各种环境的互动中习得语言的。

### (二)教学互动发展观

生态教育观指出英语教学中存在很多相互影响的因素,如师生、环境、内容、方法等,这些因素相互影响,通过师生与生生之间的互动,才能构成一个真正的学习共同体,实现师生之间的进步与成长。

### (三)教学多元文化观

语言是对人类文明进行传承的文化载体,掌握一种语言,其实就是对语言交际功能的掌握,从而使学生掌握一种新的观察事物的角度、多

---

① Haygen,E. The ecology of language[A]. The Ecology of Language Essays by Einar Haygen[C]. S. D. Anwar. Stanford:Stanford University Press,1972:325.

一种新的文化体验、多一种思考问题的方式。英语教学的一个重要目标在于传承多元文化,因此我们要用开放的心态对不同国家的文化有清楚的看待,用包容的心态对本土语言文化与外来语言文化进行辩证处理,提升学生的多元文化观。

# 第三节 教育生态学理论

教育是一门时代科学,教育生态化是基于社会生态化发展起来的,未来的教育应该呈现出生态化的趋势,这与时代的发展相符合。教育也将通过生态化的发展,对中国社会生态文明建设起着非常重要的作用。

## 一、教育生态学相关理论

20 世纪七八十年代,生态学的原理逐渐扩大,逐渐向人类社会科学的层面上渗透,也促进了教育生态学的进步与发展。下面重点介绍一些相关的理论。

### (一)花盆效应

在生态学上,花盆效应被称作局部生境效应,是奥地利地质学家修斯(Eduard Suess)在他的地质学论著中提出的。我们都知道,花盆是一个半人工半自然的小生长环境,虽然与自然的生存环境不同,但是只要人为进行适合作物生长的温度与湿度,那么作物就可以长得很好。但是,这样导致它们对生态因子的适应性、生态位等下降。也就是说,由于生存环境闭塞,环境的竞争力也逐渐下降,个体的功能逐渐衰落。因此,花盆里面的植物如果离开了人的照料,那么就会经不起任何吹打,很容易就会枯萎,这就是所谓的"花盆效应"。

### (二)边缘效应

1942 年,生态学家比切尔(Beecher)提出了"边缘效应"的概念。他发现在两个或者多个不同的生物群落交界的地方,会出现不同种类的生物共同生长的情况,并且群密度也有着很大的变化。例如,在田间进行试验的时候,虽然有着相同的土壤条件,但是由于每一种植物所占的空间不同,以及受到不同的小气候的影响,周边地区与中央部分的植物在颗粒数、植物高度上会出现明显的不同。这种现象就被称作边缘效应。

中国生态学家王如松和马世俊对边缘效应下了定义,即认为在两个或者多个生态系统下,由于某些生态因子与系统属性存在差异,就会造成系统某些行为与组分的变化。

边缘效应源自强烈的竞争,但是以和谐共存的结果收尾。按照性质划分,边缘效应有静态的和动态两种。前者是外界没有稳定的能量与物质输入,边缘效应是不稳定的。后者是移动的边缘效应,有能量、物质的输入,边缘效应相对稳定。

## (三)整体效应

所谓整体效应,即生态系统各个组分在质量上的变化,以及在相互作用的过程中对本系统或者更高级系统所产生的大的效应。其中生态连锁反应是最典型的整体效应。

例如,欧洲曾出现过严重的鼠疫,很多人死于鼠疫这种现象。这是因为当时人们杀害了很多猫。就是因为杀害了猫,导致很多人死于鼠疫。又如,近些年,由于人们对野生动物的保护,导致很多地方野猪增加,这对当地的农作物等造成了损害。

整体效应还包括另外一种,那就是 $1+1>2$ 的现象。具体地说,生态系统具有不同的层级,下一层级的两个或多个系统作为生态因子组成更高一层的生态系统,但新系统的结构功能会大于那些生态因子的简单叠加。

## (四)活水效应

所谓活水效应,即随着生态因子不断优化,能量物质不断输入,导致生态系统的平衡状态。一潭水是一个生态系统,其由鱼虾等物种和水、气候等非生物环境组成。通过观察发现,如果这谭水没有活水的流入,那么可能很短时间就会被污染,水草鱼虾等都会因此死亡。从声学角度思考,这一生态系统很容易出现失衡。因此,生态学认为,要想维持生态系统的平衡,就需要保证能量的流动。

## 二、教育生态学理论对大学英语课堂的启示

### (一)花盆效应对大学英语课堂的启示

花盆效应给教师带来了如下思考。

(1)如何为学生创造适合他们的学习环境？

(2)如何培养学生的环境适应能力？

(3)如何在牵手与放手中实现平衡？

(4)如何将学生培养与社会实践相结合？

### (二)边缘效应对大学英语课堂的启示

在大学课堂中,边缘效应有着独特的应用价值。在大学英语改革过程中,全国高校广泛推行个性化教学,因此根据边缘效应,教师应该思考如下问题。

(1)如何在教学中对一些边缘区加以确定？

(2)如何通过能量物质输入,提高边缘区学生的学习竞争力？

(3)如何运用边缘效应对分级教学进行指导？

(4)学生座位的位置是否对学习有影响？

### (三)整体效应对大学英语课堂的启示

生态教育具有整体效应,因此需要教师认真进行思考与运用。在大学英语课堂中,教师需要思考如下问题。

(1)如何利用 $1+1>2$ 的效应,做好学生的分类指导问题？

(2)如何抓住每一个细节,提升课堂教学的整体效应？

(3)如何提升教师的整体素质与能力？

(4)如何理解教学与科研良性互动对教学的整体作用？

### (四)活水效应对大学英语课堂的启示

在教育领域,活水效应给教师提供了很多启发。就大学英语课堂来说,活水效应可以激发教师去思考如下问题。

（1）为什么以及怎样让师生树立终身学习的理念？

（2）如何对教学环境进行优化？

（3）如何对教学方法进行科学合理的变革？

（4）就信息化教学改革而言，如何提高师生的信息素养？

# 第四节　系统科学理论

## 一、系统科学理论分析

系统科学主要是以系统作为应用对象与研究内容的一门科学。也就是说，从系统的角度出发，对客观世界的学科展开研究，这就是系统科学。系统科学对系统的要素、结构、行为等多个层面展开研究，尤其是研究客观世界中存在的系统问题与现象，其研究领域也非常广泛，涉及工程技术、自然科学等多个层面。

古希伯来的宗教神学、老子的自然人学、古希腊的自然哲学这三大古文化中都体现了系统思想。作为一门新兴学科，系统科学是 1930 年左右产生的。1937 年，贝塔朗菲（Bertalanffy）提出了著名的系统论，这为系统科学的产生奠定了基础，因此贝塔朗菲也被视作系统论的创始人。

系统科学与其他的一些重大科学革命类似，标志着人与自然、社会之间的新形式的对话。这场对话的主要内容在于用系统思想、原理、方法等对事物进行研究与观察，对传统科学的方法进行革新，建构人类思维的新模式①。

大致来说，系统科学主要包含如下三个阶段。

（1）系统科学的形成阶段（20 世纪 40—60 年代）。

（2）自组织理论的建立阶段（20 世纪 70—80 年代）。

（3）复杂系统科学的兴起阶段（20 世纪 80 年代中期以来）。

---

① 吴今培，李学伟．系统科学发展概论［M］．北京：清华大学出版社，2010.

这三个阶段的代表性理论包含系统论、控制论、信息论、突变论等。现如今,系统科学已经成为 20 世纪以来发展最为迅速的一门科学。系统科学的进步与发展使人们对客观世界的认识水平不断推进,从平衡态转向非平衡态,从线性转向非线性,从他组织转向自组织等。

## 二、系统科学理论对大学英语课堂的启示

系统论的这些观点对分析生态课堂具有积极意义,有利于从生态系统的角度思考以下问题:

(1)生态课堂的系统属性有哪些?

(2)课堂教学的整体目标是什么?

(3)如何优化生态课堂结构?

(4)如何协调生态课堂中各生态因子(即教学要素)的功能,以达到系统总体的最佳目标?

(5)信息化生态课堂的动态特征是什么?

(6)如何实现自然平衡?

# 第五章 跨文化交际语境下大学英语教学生态体系的要素

在跨文化交际语境下,要想建构大学英语生态课堂,就必然离不开相应的条件,即能够让教学发挥相应作用的各种要素。总体来说,跨文化交际语境下大学英语课堂与生态教育融合的要素主要有英语语言、教学环境、英语教师、学生主体四个部分。本章就对这些要素展开分析和探讨。

## 第一节 课堂教学语言——英语

### 一、理解什么是英语语言

#### (一)语言的界定

希腊语用 logos 一词指"语言",也用这个词语指"理性"。而既没有理性又没有语言的动物则是 aloga,前缀 a-表示"缺乏""离开"。在日常生活中,"语言"一词的意义是松散的,从下面的例证中即可得到证实。

(1)没想到他竟然用那样恶毒的语言来辱骂邻居。

(2)我无法用语言来表达我此刻的心情。

(3)拉丁语是一种死亡的语言。

(4)我从来没有听人说过美国印第安人的土著语言。

(5)——你知道为什么猫会像狗一样"汪汪"叫吗?

——它是在学着说一种外国的语言。

观察语言的时候,我们首先遭遇的是某一种或若干种类的语言。比如,我们平时用于交流的汉语和英语等,它们是不同种类的语言。

可是,什么是语言学视域中的语言呢? 我们应该如何理解语言? 它是科学研究确定的对象吗? 它是抽象的存在还是具象的模式? 它是有待证实的理论抑或是毋庸置疑的结论?

历代语言学研究者都曾尝试界定语言学视域中的语言:梵语语法学家帕尼尼(Panini,约公元前 4 世纪)认为,语言有两种,一种是在具体场合说出来的话,即外显性的表达;一种是抽象的语言原则,即语言符号统一体。

巴尔特拉瑞(Bhartrhari)则继承、发展并完善了语言符号统一体理论。他指出:语言的潜在性(kratu)犹如孔雀的蛋黄。在蛋黄里,五颜六色的孔雀以潜在的形式存在。只是到了后来,五彩的颜色才得以实现。同样地,语言(通过语音)终究呈现出部分与序列的形式。

古希腊卓越的斯多葛派(the Stoic)认为:语言包含三个方面。

第一是语言的声音或者材料,这是一种象征或者符号。

第二是语言的符号意义,即言说的内容。

第三是符号所代表的外界事物。

中世纪以思辨语法而著称的摩迪斯泰学派(Modistae)认为,语言是约定俗成的,词形与词义之间没有天然的、内在的联系;自然界和语言结构都是有规律的,自然界和语言都具有自己的系统,都是由有限的单位按照有限的规则组成的。

通常,语言在现实的使用中涵盖了两种意义范畴:广义和狭义。

广义的语言至少包含三种意义。

其一,它可以指诸如梵语、藏语、俄语、汉语、日语、英语、法语、拉丁语等任一群体或集团内部的自然规约系统。

其二,它可以指诸如蜜蜂的语言、身势语言、画面语言、花卉语言等具有引申意义或修辞性质的约定俗成的系统。

其三,它可以指诸如逻辑语言、数理语言、坐标语言、旗语等非自然规约系统。

狭义的语言则是语言学的专门术语,是解构了言语体系之后的语言。言语体系由两个部分组成:言语(parole)和语言(langue)。言语与语言区分理论是索绪尔为了明确语言学研究对象,为了建立独立的语言科学而创建的一个根本性的概念理论。按照索绪尔的观点:言语是指个人说话的行为，是言语器官发出的一定声音和一定意义内容的结合，是以说话人的意志为转移的个人组织活动。所以，言语表现出总体上的千差万别。它的无限多样性是由相同符号的反复出现所组成的，并逐渐呈现出一定的规律和制度。对言语的抽象结果便是语言。

在语言学史上，我们可以看到，有些研究者认为，世界上不存在抽象的语言，只有具体的语言，即交流中的语言。从他们的学术视野和出发点来看，这样的理解具有一定的合理性，他们关注的只是语言的工具性。但是，从普通语言学研究的观点出发，整个世界曾在的和现在的语言拥有一种自然的、共同的、抽象的语言，普通语言学关注语言的共性存在。

现代语言学研究证明，对语言的界定必须建立在索绪尔语言与言语的区分理论之上。前者以后者为前提，后者归属于前者，语言是作为言语的本质部分而存在于言语之中的，言语则是本质的。

具体表现，二者在性质上形成结构的统一。从语言与言语的关系中来规定语言的意义，并使之成为概念，这是真正实现对语言的本质特征和内涵做出确切逻辑规定的唯一道路。语言的各个要素，如语音、词汇、语法相互链接，维系语义，言语在语义的联系之中保持着对语言整体的向心力。语言的展开状态其实就是揭示状态，它提供了语言整体所需要的可能性和亲和力。

在语言学研究的过程中，我们需要不断地重新提起"语言"定义的问题，而每一次提起都应该是在更高层次上的或者与近似前一次提问相反的或修正的，因为对"语言"进行界定实际上就是对语言本质的拷问，所以这个问题是真正源远流长，却又偏偏难以获得一个终结性的答案，语言学还能在怎样的程度上维持与承受如此致命的压力呢？在索绪尔之后才真正确立为独立学科的语言学所面临的是本质问题的危机。无论如何，语言学似乎都应当有迅速觉醒的发生，要把研究对象转移到新的基础之上与新的观察视域之中，要在指认语言表现形式的同时，直逼语言之存在本身。

## （二）语言的特征

### 1. 语言的生理特征

语言是信息系统，它在人际交流中，在传递各种信息时起重要作用。

语言系统应该是可以操作的神经网络系统,而语言现象则可以是系统操作的输出(如说话),也可以作为系统操作的输入(如听话)。操作过程产生的记忆是系统激活路径连通权值、阈值改变的结果。语言系统的操作过程都是按生理规律自动进行的,都是输入信息(包括语言现象的输入信息)和系统激活延伸之间的互动过程。

系统操作可以有两种:一种是语言运用的操作,它对语言系统中连通权值的改变不大;另一种是改变权值,形成记忆,构拟语言系统的操作新路径。前者是语言运用,后者是语言发展,即语言习得。但二者都是系统的操作,所不同的是,在第一种操作过程中,系统中路径连通权值改变不大;在第二种操作过程中,系统中某些路径的连通权值有较大的变化。

在语言发展这一纵轴上,语言的生理机制也起着重要作用。我们知道了一些宏观的语言生理特征,也知道了和语言系统有关的一些微观生理特征,它们都能指证语言系统的存在及其存在的宏观框架,但是,两者还不足以证明语言系统的层级组织的具体细节。但是,现象是可以直接观察到的,我们可以将语音录下反复放听,我们也可以将文字写出多次研读。这些可观察到的信息,将为语言系统及其操作原则的构建,提供间接的有效的信息。由于构拟基础的间接性和构拟对象的多重性,通过对语言现象研究而推导出来的假设性系统,至少还必须通过语言生理特征的检验。

## 2. 语言的社会文化特征

语言的社会特征主要反映了人的社会性。在人类社会中,人被认定从属于一定的社会经济阶层。由于人类更多地和他同阶层的同伴交往,结果他们的社会行为形成了一定的大家都遵循的模式。这种社会交际具体反映在语言现象中。这些语言现象便具备了一定的社会特征。例如,美国社会经济地位和文化教育程度较低的黑人,他们的语言表达和通用标准美国英语有较大的差异。例如:

黑人:He been there before.

白人:He has been there before.

黑人:He be done left by tine time we get there.

白人:He will be gone by the time we get there.

由于操黑人英语的人社会经济地位低下,尽管黑人英语和白人英语一样有自身的规律,人们还是将这种语言现象和特定的社会经济地位联系起来。这种和社会经济地位相关的语言现象,我们称为社会方言。

语言的社会现象并不仅仅停留在方言的层面上,它有时还跨出方言的范畴,在不同的语言中出现。根朴兹等(Gumperz & Wilson)发现,语言的分类和他们的社会等级吻合。在这个社会语言环境复杂的村落中交际,村民必须同时能操几种语言;在美国生活的有些黑人同样也能够操几种社会方言。例如,一名黑人大学生可能既能说黑人英语的社会方言,也能说白人英语的社会方言。在他的语言系统中,一种概念或命题常常可以体现为两种不同的表达形式,即不同的社会方言变体。当他和白人导师讨论申请助学金时,他用的是白人英语。当他转过头来和黑人同学说话时,用的却是黑人英语。因此,必须有一定的机制让他能够对具体的情况做出自己的选择。这些机制在语言系统之外,存在于社会交际知识之中,并成为社会变体的选择条件。由此可见,语言的社会性至少包括语言系统中语言表达变体的选择关系,也包括选择这些语言变体的社会信息方面的激活条件。

语言系统内部的社会性主要表现在命题概念和各社会方言表达之间的体现关系。这种体现关系除了自身的符号功能关系外,没有理性对应关系。黑人说"He been there before."而不说"He has been there before."并不是因为前句的表达形式和黑人本身的特性有什么内在关系。从这个角度出发,表达的内容和社会方言之间的关系是任意的。但是,内容和表达之间如此的任意性并不是说表达形式内部可以没有系统性。事实上,黑人英语和白人英语一样也是有规律的,其中包括表达语词之间的组合规律,以及表达内容和表达形式之间的体现规律。从语言系统内部看,社会方言表达形式和语言其他形式一样是有规律的,内容和表达之间不是任意的。但是,我们在更精细的平面上看,两个任意性所涉及的关系是不同的。

涉及语言表达变体选择的社会条件至少包括话语意图、交际者双方的社会关系、交际者自身的社会经济地位等。黑人学生和他的导师用导师的社会方言交谈是出于对教师的尊敬,而和同学交谈用同学的社会方言是为了互相之间的认同,二者都是为了谋求语言行为的最佳效果。如果白人导师和黑人学生一起去黑人区做社会调查。那么,出于该社会活动的目的,他们可能要考虑迁就被调查黑人的社会方言。当然,黑人学生也可以全然不顾社会关系和社会语境,而采用不合情理的表达变体。

例如,他完全用白人社会方言和导师交谈,全然不顾被调查黑人的心理感受,以此表现出他的一种世俗的鄙视低层社会人士的社会态度。由此可见,社会方言的选择一般涉及交际目的、预期的交际效果和交际双方的社会关系,而话语者本身的社会地位可能只是社会关系中的一个条件。这些社会条件可以和其他各种条件一起组合成社会变体的选择条件。在不同人的头脑里,它们的权值不完全相同。

从系统操作的角度看,语言的社会性体现在语言交际过程中。中国学者比较钟爱这样一个定义,即语言是人类的重要交际工具。西方学者中的功能派对此也很重视。有必要澄清的是,人类交际工具有各种各样的,但它们均为身外之物;而语言是人本身的一部分,语言交际是人们通过信息承载体的转换让语言现象来为人类传递信息。

谷德纳夫(Goodenough)认为,文化就是在社会情景中获得的知识和信念。社会文化知识当然也包括一部分常识(常用知识)和专识(专门知识)。广义的文化则是世界观的代名词,它包括了社会常识和专识,还包括一些没有特殊社会标记的知识和概念。但是,两种文化观都将文化和概念知识联系起来。

我们也认为,文化包括社会知识(常识和专识),这些知识同样是概念系统的一部分。它们在人类的社会活动中将概念系统和语言系统连接起来,并构成可以重复激活的经验。从信息操作的角度出发,语言系统中社会方言体现关系的变体,它们的选择条件和含社会文化知识的概念系统有关。由于神经的激活过程是双向的,从语言形式开始激活的信息和来自概念系统的社会文化、常识等信息将共同激活和构造语言系统本身。语言行为在构造和完善语言系统的同时,也构拟和不断调整着概念系统(包括各种知识系统和社会活动等)。正如人在具体的社会文化环境中生活、活动一样,人类语言系统的发展,伴随着社会文化概念系统的发展而发展,两个系统的互相激活又让二者在自己的关系路径中包含了对方的部分连接关系特征。

3. 语言的思维特征

如果我们将思维看作一种过程,那么思维过程可以是有意识的,也可以是无意识的,而语言的全过程总是有意识的。有意识的语言过程在一定程度上受到人类意志的控制,但无意识的思维过程便无法受到意志的控制。所以,无意识的思维无法等同于语言。如果思维过程包括记忆和激活调用,那么有事实证明,这两种过程都可以不涉及语言表达。具体表现在两个方面:两种过程可以是无意识的,记忆内容无法用语言表达激活再调用。

我们举证了思维和语言的差异。那么这种差异有没有生理证据呢? 我们的回答也是肯定的。福德等提出了一个"思维语言"假设。他们的假设包括两个部分:信念、意愿意图是大脑真实的心理和物理表征,而显性行为则缘于这些表征;这些表征具有和意图物体相似的组织特征。

从大脑神经的生理基础出发,这些"真实表征"应该是概念。概念可以组成层级,不同的概念通过共享的概念特征而连通。神经网络也是一种层级组织,神经元也可以和许多其他神经元连通。如果我们想睁开眼睛,那么我们首先要有这个意图概念。这个意图概念激活"睁开动作"概念和"眼睛"概念。当然,我们也可以闭上眼睛,但这两个意图中的概念"眼睛"是不变的,它同时和这两个不同意图连接,既可以和动作概念"睁开"组合,也可以和动作概念"关闭"组合。

当然,这些概念必须同时和许多大脑功能区的系统连接,连接的部分除了司令动作的运动系统,还有语言系统、视觉系统等。如果有人叫你闭上眼睛,语言系统通过理解过程激活相关的概念,再由概念激活运动系统,完成闭上眼睛的动作。当然,你还可以效仿他人的动作,同时告诉他人"闭上眼睛"。这时视觉信息激活了概念,概念同时激活了运动信息和语言信息。运动系统指挥关闭的动作,而语言系统则加工输出语言现象"闭上眼睛"。那么,我们说的这些神经过程是否在大脑中存在呢? 语言系统和概念系统是否有不同的生理承载体呢? 我们的回答是肯定的。

## 二、明确英汉语言的差异

中西民族的文化背景不同,导致所形成的语言存在巨大差异。两个民族之间想要顺利展开沟通与交流,就需要学习与掌握对方的文化与语言。中西两种语言之间的差异主要表现在词汇、句子与修辞上。

## （一）英汉词汇差异

### 1. 英汉词汇形态的差异

英语这门语言是具有形态变化的，因此往往同一个汉语词汇，可同时有多个不同形态或词性的单词与之相对应。例如：

跳舞/舞蹈：dance（动词或名词），dancing（现在分词或动名词），to dance（不定式）

到达：arrive（动词），arriving（现在分词或动名词），to arrive（不定式），arrival（名词）

美：beautiful（形容词），beauty（名词）（＝someone beautiful），beautify（动词）（＝to make beautiful）

仔细：careful（形容词），carefully（副词），carefulness（名词），care（名词）

从上面例子可以看出，英语词汇可以通过缀合法来构成不同的词类，但其根本意义不变。所谓缀合法，就是在加前缀与后缀加缀后的词获得新的意义而成为新词。在英语中具有较强构词能力的词根有很多，而且构词的前缀和后缀也相当丰富，有时一个词根上还可以同时加上前缀和后缀，甚至加过第一层的前后缀后还可以在这个词的基础上再加前后缀，如 nation—national—international—internationalist 等。可以看出，英语词根就如同一个核心，加上不同的前缀或后缀，就如同蜘蛛网一样向周围扩大延伸。例如：

| 前缀 | ＋前缀 | ＋词根 | ＋后缀 | ＋后缀 | |
|---|---|---|---|---|---|
| un- | ＋pre- | ＋ced | ＋-ent | ＋-ed | →unprecedented |
| （无） | （先，前） | （行，走） | （表事物） | （的） | （无先例的，空前的） |

| 前缀 | ＋词根 | ＋词根 | ＋后缀 | |
|---|---|---|---|---|
| auto- | ＋bio | ＋graph | ＋-er | →autobiographer |
| （自己） | （生命，生活） | （书写） | （行为者） | （自传的作者） |

用缀合法组词的现象在汉语中也同样存在，但与英语相比，其词缀数量要少许多，而且加缀并不是十分固定，可以保存也可以删去，因此应用并没有英语的广泛。例如，前缀"老"可以加到虎前，成为"老虎"。后

缀"子"加到"狮"的后面成为"狮子"。当要表示"老虎啸,狮子吼"的声音大而吓人时,就要说"虎啸""狮吼",此时"老"和"子"就要删掉。

显然可见,汉语词汇没有像英语词汇那样丰富的词形变化。因此,几个词根相同的英语单词可译为同一个汉语词汇。例如:

Beauty is in the eye of the beholder.

美出自观者之心中。

She is very beautiful.

她很美。

She dances beautifully

她舞姿很美。

与此相反,在不同的语境中一个汉语词汇往往可以翻译成同一词根不同词类的英语单词。例如:

耳闻不如一见。

译文一:Seeing is believing.

译文二:To see is to believe.

译文三:I won't believe anything until I see it.

他来了,我很高兴。

译文一:He arrived,which delighted me.

译文二:His arrival delighted me.

译文三:His arriving delighted me.

## 2. 英汉词汇语音理据差异

英汉拟声词各成系统,虽然有一定的相同之处,却有着显著的不同点。这些不同点主要表现在以下几个方面。

(1)数量及模拟禽兽鸟虫声音的词不同

数量方面,由于两种语言拟声词的造词方式不同,英语的拟声词较为固定,数量也相当较少,而汉语造词比较灵活,因此拟声词的数量也相对较多。在模拟禽兽鸟虫声音的词方面,英语以间接模仿为主,并且每个动物都有独立的词表述,而汉语除少数动物鸣叫外(如狮—吼、虎—啸、狼—嚎、马—嘶、猿—啼、犬—吠、鸟—鸣等),大都是描述叫声,较少有对应词。

(2)拟声方式不同

英汉拟声词在拟声方式上也存在着差异。英语拟声词的形式一般不能随意改变(自然拟声词除外),但汉语拟声词的形式要灵活许多,而且格式也十分丰富。有双音节词,也可以把双音节词变成四音节词,如咕噜—咕咕噜噜、叽里咕噜;也可以两个不同的词相结合组成新词,如丁零、当啷—丁零当啷等。

### 3. 英汉词汇语义的分析差异

英汉两种语言背后存在着十分显著且巨大的差异,他们的词汇系统之间很少出现语义一一对应的现象。英国语言学家利奇把最广义的意义划分为 7 种不同的类型:外延意义(即概念意义)(denotative meaning)、内涵意义(connotative meaning)、风格意义(stylistic meaning)、情感意义(affective meaning)、联想意义(reflective meaning)、搭配意义(collective meaning)和主题意义(thematic meaning)①。

除了上述中的主题意义外,其他意义都与词义有着密切的关系。词汇的概念意义是词汇的基本意义,但并非唯一的意义。一般词典给出的意义都是词的概念意义,如"电脑""土地""花朵"在英语中分别为 computer,earth,flower,而他们其他意义则未能全面反映出来。可以说,除科技词汇外,在英语和汉语中所有意义和用法都完全对等的两个词几乎是找不到的。

翻译前首先需要解决的就是理解原文的意义。而要透彻理解原文,理解原文在语言和文化层面上的意义,就离不开对原文语义的分析。因此,了解什么是语义、语义的产生、语义的结构等,都是十分必要的。"词是具备形、音、义,可以独立运用的最小语言单位,也是最小的语法单位。"(陈宏薇,2004)所以,下面首先从词语的语义分析开始,讨论翻译时如何确定词语的语义,包括指称意义和蕴涵意义,以及语义场、语境、语体和语域等因素是如何影响语义的。

语言中的词汇在词义上相互联系,这种语义关系会受到语境的影响,因此要正确理解一个 词的意义,必须分析这个词与其他词语之间的语义关系;翻译时,也就不能将词汇的字典意义生硬照搬到译文中,因为字典意义往往是缺乏语境的。例如:

develop 的最常见意义是"发展",但在下列句子中就不能用"发展"译出。

---

① 张春柏.英汉汉英翻译教程[M].北京:高等教育出版社,2003.

The plot for the novel gradually developed in my mind.

我逐步构想出小说的情节。

The car has developed signs of rust.

这辆汽车出现了锈迹。

The film has been developed.

胶片已经冲洗好。

We've developed the project from an original idea by Stephen.

我们根据斯蒂芬的设想制定了这个计划。

The site is being developed by a London property company.

这块地正在由伦敦的一家房地产开发利用。

在上述例句中,develop 分别与 plot,car,film,project,property company 搭配,产生了不同的语义,在译文中就不宜译为"发展",而是需要用符合汉语习惯的搭配表达。

上面讨论的是句子内部词语之间的语义关系。但在语言的实际运用中,词语之间的语义关系往往会超过句子层面,从语义学的角度来看,这种语义关系也就是我们常说的"语义场(semantic field)",即相关的词项构成一个语义联想系统。

汉语篇章中同样强调语义场。例如:

她不是鲁镇人。有一年的冬初,四叔家里要换女工,做中人的卫老婆子带她进来了,头上扎着白头绳,乌裙,蓝夹袄,月白背心,年纪大约二十六七,脸色青黄,但两颊却还是红的。卫老婆子叫她祥林嫂,说是自己母家的邻居,死了当家人,所以出来做工了。

（鲁迅《祝福》）

文中的"白头绳""死了当家人"和"出来做工"在语义上有关联。其中,"白头绳"表示家里有人去世,而"死了当家人"是"出来做工"的原因。杨宪益和戴乃迭的译文就很好地考虑到这些词语之间的语义关联,将"白头绳"译为 a white mourning band,把"死了当家人"和"出来做工"的关系处理为 who wanted to go out to work now that her husband had died,在译文中较好地构建了具有同样语义关系的语义场。

可见,分析句子或者篇章中的词语意义,需要将该词置入某个语义场,然后分析与其他词语的语义关系,才能较为准确地把握词义。

（1）纵聚合与横组合

语义场中,词汇的语义关系可以分为纵聚合关系(paradigmatic relationship)和横组合关系(systematic relationship)。纵聚合关系指的是词语的纵向替代关系。例如：

He smiled brightly as Ben approached.

The nurse smiled blandly.

I just smiled benignly and stood back.

brightly,blandly,benignly 三个词可互相替换,构成纵聚合关系。同样,He,The nurse,I 也构成纵聚合关系。

横组合关系主要是指词语间的搭配关系。而英汉语言横组合关系通常不是对应的。例如,汉语的"做"可与"饭、礼拜、梦、买卖、客、学问"搭配,构成横向组合关系。这种关系在译文中需要根据搭配选择使用不同的词。"做"在不同的译文中就分别使用 do,go to,have,be 来表达。下面将详细讨论这两种语义关系。

①词义的纵聚合关系。从纵聚合的角度来看,英汉两种语言之间的语义关系主要有以下三种：语义相符(semantic correspondence)、语义相异(semantic non-correspondence)和语义空缺(semantic zero)。

第一,语义相符。英汉两种语言分属不同的语系,既存在着差异,也有语义相符的情况。语义相符,指词语的指称意义和蕴涵意义相符。翻译时,需要考虑指称意义和蕴含意义的相符。例如：

麦当劳在全球 119 个国家拥有超过 28 000 家连锁餐厅,每天接待4 300 万顾客。连锁经营,再加以上三个数据,使"黄金巨 M"成为绿色团体、无政府主义者以及蔑视美式文化的欧洲人的共同敌人。

（沈宏非《快餐的精神分析》）

The Macdonald's has over 28 000 chain restaurants in 119 countries across the world,receiving 43 million customers each day. Its chain operation practice,plus the above three figures,has turned the huge golden logo of "M" into the common odium of Green Organizations,anarchists and the Europeans who hold American culture in contempt.

（刘士聪 译）

原文中的三个词,"麦当劳""绿色团体"和"无政府主义者",在译文中分别为 Macdonald,Green Organizations 和 anarchists,指称意义相符。

But as in employment begins to rise,as profits start to fall,as interest rates soar,and as the cost of living is at record levels,there eco-nomic facts cannot merely be dubbed "inflation".

而在经济领域中,如果失业开始上升,利润开始下降,利率激增,生活费用达到空前的水平,那么这些现象就不能仅仅以"通货膨胀"来加以解释了。

(刘宓庆 译)

原文中的术语 profit,interest rates 和 inflation 分别译为"利润""利率"和"通货膨胀",其指称意义在译文中准确地表达出来。

翻译中除了指称意义相符以外,有时还讲求原文和译文在蕴涵意义上的相符。例如:

那本书的作者似乎没有自己的观点,书里都是人云亦云的东西。

That book,whose author doesn't seem to have his own viewpoint, is full of parrot-learned knowledge.

原文中的"人云亦云",说明有些人缺乏自己的见解,只会随声附和,感情色彩上带 有贬义。parrot 一词在英文中也有这样的蕴涵意义,译文与原文在蕴含意义上相符。

第二,语义相异。语义相异,即指称意义和蕴涵意义有一个不同,或者二者均不相符。语义相异的现象在英汉互译中比较常见,但给译者带来困难的往往是那些指称意义一致而蕴含意义不同的词语。译者或因为望文生义,或因为语言修养不够,或缺乏相关的文化知识,往往不能准确译出这些词语。

一个人既不能独立转移风气,也该在消极方面有所自守,等同作弊,赞助越出常规的事儿,总可以免了吧。——这自然是书生之见,不免通达的人一笑。

(叶圣陶《我坐了木船》)

If it is beyond one's capacity to single-handedly stem the prevailing social evils,one should at least be self-disciplined so as not to make mat-ters worse. All this is undoubtedly the pedantic view of a bookish per-son—a view which must be sound ridiculous to all sensible gentlemen.

(张培基 译)

"书生之见"在汉语中往往带有贬义,指的是那些不现实的观点,所以仅仅译为 the view of a bookish person 是不够的,还需要用 the pe-dantic view 把其蕴涵意义表达出来。pedant 在牛津高阶英汉双解词典

（OALD）中的解释是（derog）：person who attaches too much importance to detail or to rules, esp. when learning or teaching; person who values academic knowledge and likes to display his leaning. (OALD,1997)。pedant 的形容词 pedantic 意思是 of or like a pedant (OALD,1997)。当然，the pedantic view 也可以用 the impractical view 来表达，但后者似乎不如前者形象生动。

武行者心中要吃，哪里听他分说，一声喝道："放屁！放屁！"

（施耐庵《水浒传》）

Now Wu the priest longed much in his heart to eat and so how could he be willing to listen to this explanation? He bellowed forth, "Pass your wind—Pass your wind!"

（赛珍珠 译）

译文只译出原文的指称意义，但未译出原文的语用意义。此处表达的是武行者不耐烦的心情。

第三，语义空缺。语义空缺，即指称意义或蕴含意义在译入语中不存在。语义空缺也是英汉互译中常见的语言现象，最根本的原因是两种语言文化存在差异。汉语中常见的文化现象在英语中往往没有与之相对应的表达方式，从而给翻译带来不少困难，反之亦然。例如：

功夫 kong fu

胡同 hutong

太极 tai chi

Second, there is the New York of the commuter—the city that is devoured by locusts each day and spat out each night.

译文：其次是家住郊区、乘公交车到市内来上班的人们的纽约——这座城市每到白天就被如蝗的人群吞噬进去，每到晚上又给吐了出来。

（孙致礼 译）

原文中的 commuter 在汉语中找不到一个与之对应的词，只能采取解释的方法表达。

②词义的横组合关系。横组合关系是指词汇之间的搭配关系，"由于不同的语言有不同的选择限制，所以汉英两种语言中某些相对应的词搭配范围是不尽相同的"（邵志洪，2005）。例如：

Credit cards enable their holders to obtain goods and services on credit.

信用卡能使持卡人以赊账的方式购买商品,享受服务。

原文中 obtain 可以与 goods and services 搭配,而在汉语中这样的搭配不太合适,需要对原文进行切分,分成两个词组译出来。

下雨或阴天回戏,不响锣就不给钱,是那时的规矩。

If a performance was cancelled because of bad weather,the rule in those days was:No show,no pay.

原文中的"回戏",意思是剧团或剧场由于发生特殊情况而无法开锣演出,在剧场门口出牌告示观众。"回戏"不能直译,可意译为 a performance was cancelled。

有些词和词组在报刊文件和讲话中出现频率很高,这些词看似简单而往往容易译错。解决的关键在于搭配,同样一个词,搭配不同,译文也就不一样。例如,"建设"一词现在很少译成 construction,而要根据搭配,吃透词意,选择不同的词译出。

国家建设 national reconstruction/national economic development

城乡建设 urban and rural development

国防建设 the building of national defense

加强民主法制建设 improve democracy and the legal system

和平地、不受军事威胁地建设自己的未来 to shape their own future in peace,free of military threat

综上所述,翻译时既要注意纵聚合层面上两种语言之间的语义关系,也要注意横组合层面上的词汇搭配关系,然后再采用适当的翻译策略加以解决。

(2)指称意义与蕴含意义

我们在此把意义简单分为两个层面:指称意义与蕴涵意义。指称意义往往指"词的确切和字面的意义"。(陆国强,1999)词语的指称意义是词语最基本的意义,往往通过查阅词典就可以解决。但是蕴涵意义要复杂得多,是特定的社会文化附着在词语指称意义上的隐含意义,是词语的联想意义,带有浓厚的感情色彩。蕴涵意义受语境、感情色彩(褒贬)、文体特征(文体的正式与否)、修辞、文化内涵等因素影响。例如:

A stage coach,however,carries animation always with it,and puts the world in motion as it whirls along. The horn,sounded at the entrance of a village,produces a general bustle.

不管怎样,马车总是充满生气,它沿途往前急速行进时,把所有的人都调动起来了。马车到了村口,喇叭一响,全村就热闹了。

(刘士聪、卞建华 译)

原文选自华盛顿·欧文《见闻杂记》中 The Stage Coach 一文。描写了纯朴的村民欢迎、观看公共马车的热闹场景。bustle 一词含有"嘈杂的声音、繁忙的景象"这样的意义。译文不仅准确表达了该词的指称意义,还根据上下文,调整了语言表达形式,更加符合原文的内涵和语气。

木船危险,当然知道。一路上数不尽的滩,礁石随处都是,要出事,随时可以出。

(叶圣陶《我坐了木船》)

Of course I know it is risky to travel by a wooden boat. With countless shoals and reefs to negotiate, accidents may happen any time.

(张培基 译)

原文两个小句中,"滩"和"礁石"的指称意义很明确,在译文中就应该准确地传达出来。此外,汉语句子无主语,译成英语时,需要将主语补出来。

糖葫芦

译文:Tanghulu, a sugar-coated fruit on the stick which is a kind of children's favorite food in winter.

"糖葫芦"是中国传统的一种小吃,在英文中缺乏与之对应的概念,翻译时,一般采取音译或者直译加注的办法。

Soon November will be approaching with its autumn storms and leaden clouds, hanging above your head like soaking wet rags.

(《中国翻译》)

译文1:十一月行将降临,带来秋的凄风苦雨和铅灰色阴云,像浸水的抹布一样压在你的头顶。

(陆谷孙 译)

译文2:要不了多久,十一月就会来临,连同秋天的风暴和铅灰色的云朵,如浸了水的破布高悬在你的头上。

(周仁华 译)

原文选自 Altogether Autumn,原文出处和作者不详。文章主要表达了作者对过去时光的怀念,尤其是每年秋天和家人一起种下球茎植物的场景更是让作者唏嘘不已。两位译者在标题的翻译上也不一样,陆谷

· 73 ·

孙译为"人间尽秋",而周仁华译为"挡不住的秋天"。两个译文都力图表现人到老年,睹物思情,但译文1中部分词义无疑处理得更合适些。storms 在译文1中,"凄风苦雨"可谓一语双关,而译文2的"风暴"就没有了这样的感情色彩。而 rags 译文2译为"破布",则往往会给人带来不好的联想,此处翻译值得商榷。翻译时,既要分清词语的指称意义和蕴含意义,又要善于解决词义空缺的问题。

## (二)英汉句法差异

### 1. 英汉语态差异

英汉思维模式存在差异往往会影响人们交际过程中语态的选择。通过对英汉语言的语态进行分析可知,英语这门语言在交际中善于使用被动语态,而汉语则不是,主动语态出现的次数比较多。英汉语言语态的差异同样反映在翻译过程中。众所周知,语言是文化的一种载体,所选择的语态不同,就意味着语言背后文化的不同。简言之,英语使用被动语态意味着西方国家的人通常看重客观事物,而汉语使用主动语态则意味着中国人多做事的主体比较看重。

(1)英语善用被动语态

在西方国家,由于受到自然环境的影响比较大,因此西方人特别重视研究自然规律,希望可以把握出现某种自然现象背后的原因。与具有主观实现的人相比较而言,西方人更重视客观现象与事物,渴望对真理的探索。在语言表达层面,西方人喜欢使用被动语态来对一些规律、自然活动、动作承受者等进行强调,他们十分看重所做事情的过程。所以,英语中的被动语态是十分常见的。在历史上,英语某一些文体中则将被动语态作为一种常规的表达方式。

在英语语法中,被动语态的表达形式多达十多种,而且如果使用的时态不同,那么被动语态的表达结构也是不同的。例如,一般现在时被动语态、一般过去时被动语态。不过,不同被动语态的结构往往表达了不同的意义。

(2)汉语善用主动语态

与英语不同,中国人在做事的过程中往往注重动作执行者,因此更注重使用主动语态,通过陈述具体的动作来清楚传达动作执行者的意图。不过,汉语中也是存在被动语态的,往往表达的是不希望、不如意的情况,如受到损害等。由于汉语中被动语态使用的较少,因此汉语中的被动语态在表达上往往比较生硬。

### 2. 英汉句子重心差异

众所周知,英语句子的重心在前,汉语句子的重心往往在后面。这就意味着,英语句子通常将重要的、关键的信息放在句子的开头部分,位于句首,让读者一看就可以领会整个句子的意图。而汉语句子往往将重要的信息、关键内容等放在句子的尾部,次要信息、不重要的内容则放于句首。下面通过典型实例进行说明。

传说在清朝末期,曾国藩作为湘军的首领奉命去围剿太平军,但战况不利,遭遇好几次战败,有一次甚至差点被太平军杀死在战场上。后来,他在向朝廷报告战况时使用了"屡战屡败"一词,该词如果翻译为英语,则是:"He was repeatedly defeated though he fought over and over again."当时曾国藩的军师看到了这一情况,就将"屡战屡败"改为"屡败屡战",用英语表达为"He fought over and over again though he was repeatedly defeated."

表面来看,上述两句话中用的词是一样的,只不过将语序做了修改,然而正是因为语序不同导致了所表达含义大相径庭的结果。"屡战屡败"往往意味着曾国藩在围剿过程中一直处于战败中,对胜利毫无信心,所以只能报告给朝廷,最终也会受到上级的处罚。然而,使用了"屡败屡战"一词后,所表达的含义就不同了,这句话传达的信息是曾国藩是一个效忠朝廷的好官员,虽然在战争中吃了败仗,但并没有气馁,所以应该受到朝廷的褒奖。

从汉语角度来分析可以得知,"屡战屡败"的重心是"败",而"屡败屡战"的重心则是"战"。可以说,军师的巧妙更改不仅保住了曾国藩的颜面,而且也救了他的性命。由此可见,在将汉语翻译成英语的过程中就需要重视句子重心的问题,从而准确传达原文的思想。

## (三)英汉修辞差异

修辞是在使用语言的过程中,调动一切语言因素,求得最佳表达效果的一种语言活动。它既是一种言语活动,也是一种文化活动。汉语修辞学一开始就与社会政治伦理道德相联系,中国早在先秦时期,《易经》里面就有"修辞立其诚"的说法。而西方传统的修辞学一开始与论辩术相联系,把修辞当作战胜对方的手段。作为文化的一个重要组成部分,汉语修辞蕴含着汉民族的文化价值、风俗习惯和审美情趣。同时,汉语和英语分属于印欧语系和汉藏语系,二者在语音系统、词汇形态句法结构等方面都存在着巨大的差异。由于语言和文化等方面的差异,汉英语修辞格之间的差异也是显而易见的。汉英语中多数辞格之间只是相对等同,绝对等同的辞格并不多见①。

### 1. 拟人

拟人(Personification)是把没有生命的事物当作有生命的人一样进行描写,赋予其人的举止行为和思想感情。汉英语中都有丰富的拟人手法。汉语拟人英译可采用直译手法加以处理。例如:

录音机接受了女主人的指令,"叭"的一声,不唱了。

(王蒙《春之歌》)

On itsrunner's command,the tape reorders stopped its song with a dick.

(Bonnie S. McDougall 译)

真相还没来得及穿上裤子,谎言已经走遍了半个世界。

A lie goes half way around the world before truth has time to get its trousers on.

路灯,苦撑到天明。

(陈华淑《斯夜独思量》)

The lamppost made it through the night.

(郑雅丽 译)

石碑和湖水黯然相望。

(云惟利《南洋文学丛书缘起》)

The stone tablet and the lake gazed at each other in dismay.

(郑雅丽 译)

每条岭都是那么温柔,虽然下至山脚,上至岭顶,长满了珍贵的树木,可是谁也不孤峰突起,盛气凌人。

(老舍《小花朵集》)

---

① 王述文. 综合汉英翻译教程[M]. 北京:国防工业出版社,2010.

All the ridges were so amiable. None of them stood above the others with arrogance, though their slopes were fully covered with precious trees.

### 2. 夸张

夸张(Hyperbole)是汉语常用的修辞手段之一,也称"夸饰",是"运用远远超越客观事实的说法来渲染强调某事物,以求给人突出的印象"(张涤华等,1988)。汉语"夸张"研究比英语夸张要细致得多,按照内容可分为扩大夸张、缩小夸张、超前夸张。按照夸张的手段又可分为直接夸张和融合夸张等①。

(1)直译法。汉语夸张在英译时通常采用直译法。例如:

行者见罗敷,下担捋髭须。

少年见罗敷,脱帽著帩头。

耕者忘其犁,锄者忘其锄。

来归相怨怒,但坐观罗敷。

(汉乐府《陌上桑》)

The passer by who looks on Lo-fu,

Drops his luggage and strokes the hair on his cheek.

The young men when they see Lo-fu,

Doff their caps and show their redscarfs.

The laboring ploughman things no more of his plough,

The hind in the field thinks no more of his hoe.

Wistful and angry each leaves his task,

And can only sit gazing at Lo-fu.

(Arthur Waley 译)

《陌上桑》用扩大夸张的手法描写了一个名为罗敷的女子的绝伦美貌。作者通过对各类人物对罗敷美貌的反应,精雕细镂,表现了汉文学善于刻画细节的传统。著名译者 Arthur Waley 运用直译手法真实地传达了中国古代女子罗敷动人心魄的美貌。

子龙见妇人身穿缟素,有倾国倾城之色。

(罗贯中《三国演义》)

---

① 何远秀.英汉常用修辞格对比研究[M].成都:西南交通大学出版社,2011.

The woman was dressed entirely in white silk and her beauty was such as to overthrow cities and ruin states.

(C. H. Brewitt-Taylor 译)

汉英民族不约而同地把美色夸张为亡国的祸根。鉴于此，Taylor 在翻译《三国演义》中"倾国倾城"时运用了直译，英语读者对此译文应能心领神会。

马娄在《浮士德博士的悲剧史》中同样描写了海伦美貌的颠覆性力量。

Was this the face that launched a thousand ships,
And burnt the toplesstowers' of Illium?
Sweet Helen, make me immortalwith a kiss;
Her lips suck forth my soul, see where it flies.

(C. Marlow: *The Tragic History of Dr. Faustus*)

（2）意译法。汉语夸张与英语夸张在表达上有一定差异，如在运用数字夸张方面，汉英语在数词的操作上有其共性，但往往也会表现出各自的个性。如果汉语夸张在英语中有异曲同工的夸张效果，英译时可进行意译。例如：

我逃回了家。一进门，我的眼泪就像泉水一样涌流下来。从不哭泣的我，第一次号啕大哭起来。

（王扶《我不愿做女孩》）

I slipped away and ran as if someone were chasing me. The moment I got home and into my room, I burst into tears. I, who never cried, now sobbed like an infant.

（刘士聪 译）

汉语用"泉水"表示眼泪汹涌而出。译者用了英语中一个常用的词组进行了翻译，基本做到了语用意义的传达。

这件事给邻居们知道，岂不笑歪了嘴？

When neighbors heard of the matter, they'd laugh their heads off!

汉语说的是嘴，英语中却成了"笑掉了头"，转换了形象，但译出了其中的语用意义。

万里悲秋常作客，百年多病独登台。

（杜甫《登高》）

From. far away, in Autumn drear,

I find myself a stranger here.

With dragging years andilness wage

Lone war upon this lofty stage.

(W. J. B. Fletcher 译)

汉语常以"十""百""千""万"为满数。英语数词也是十进位系统的,只不过没有"万"这一单位。但上述诗句中的"百"并非实指,因而将其意译。

君不见高堂明镜悲白发,朝如青丝暮成雪。

李白《将进酒》

Do you not see the mirror bright in chamber high Grieve o'er yoursorrorw-white hair that once was silken black?

(许渊冲 译)

上述夸张称为"融合夸张",多借助其他修辞手段,如比喻、拟人等所进行的夸张。此处借助"朝如青丝暮成雪"的比喻夸张人生的短暂。

## 三、语言知识与语言技能的融会贯通

在语言学习中,语言知识与语言技能都是重要组成部分,二者之间相互影响、相辅相成。英语语言知识是发展语言技能的基础,但是语言知识本身也属于学习的一部分。因此,就某一程度来说,英语学习的目的并不是对语言知识的学习,而是对语言技能的培养。

我国当前的英语教学偏重于英语技能的训练,在教学内容上仅仅对语言知识进行罗列,这就是把二者相分离。实际上,语言技能的培养需要建立在对语言知识的理解之上,然后将这些语言知识落实在具体的语言技能实践之中。这样对语言技能的运用其实也是对语言知识的巩固,也实现了二者的融合与贯通。

# 第二节　课堂教学语境——教学环境

研究者主要是国外研究者在对语言学习策略研究的近 30 年历程中,在语言学习策略与课堂环境之间的关系研究方面已积累了较为丰富的成果。下面我们围绕组成语言学习策略的三个重要子系统：动机、学习策略（包括认知与元认知）和学习资源的利用，总结课堂环境对语言学习策略的影响。

## 一、课堂环境对学习动机的影响

关于语言学习策略的动机，一般认为，学生个人的成就目标定向、内在动机和学习效能感是非常重要的三个方面。这里我们分别论述课堂环境对动机的影响。

### (一)课堂环境对学生成就目标的影响

近年来，考察不同的课堂环境因素或实验室情境因素对学生目标定向的影响已成为一个重要的研究方向(Euiot,1997;Urdan,1997)。

频崔奇(2003)提出,过去对成就目标的研究中，主要集中于考查学生个人所持有的成就目标定向与随后的动机、认知及情感结果之间的关系,极少关注课堂教学实践和课堂目标与学生的成就定向之间的关系。事实上,复杂而丰富的课堂环境向学生传递着有关他们从事学习活动的目的的各种信息;教师的课堂教学实践,也包含有多种影响学生成就定向的信息和线索。因此,考察课堂环境因素与学生的成就目标定向和适应性学习结果之间的关系,应该引起研究者高度的重视①。

阿姆斯(1984)等在一篇文章里论述了社会比较和自我参照的课堂环境对学生的信息加工和学习结果评价的影响;不同的课堂结构营造不同的目标氛围,从而影响到学生对自我、学习任务和他人的信念。

帕特里克等(Patricketal,2001)对任教 5 年级的 4 个教师,以明示和暗示的方式向学生传递掌握性和表现性目标定向信息进行了研究。他们采用问卷法收集了 10 个班 223 名学生对课堂中教师设置的掌握性目标和表现性目标结构的知觉。另外,他们还采用观察法,收集了教师在设置任务、权利分配、评价学生、对学生分组、时间控制、社会互动和面对学生求助时等方面的谈话或行为。结果发现,被学生知觉被高掌握目标定向的教师把学习看作是积极主动的过程。这也反映在教师的教学实

---

① 范春林.课堂环境与自主学习[M].北京:国家行政学院出版社,2013.

践活动中。这样的教师要求所有学生卷入学习活动中来,强调努力,鼓励学生间的互动。他们还表现出对学生学习和进步的社会与情感支持以及对学生的关注。相反,表现性定向的教师则强调正式性评价、等级和学生的相对表现。

恩托曼里斯和比得(Ntoumanis,Bid Ue,1998)对英国大学生运动员的成就目标与知觉到的动机氛围之间的关系进行了考察。结果发现,知觉到的任务卷入氛围与学生任务目标定向有着极显著的正相关,而与自我目标定向无相关;知觉到的自我卷入氛围与学生的自我目标定向有正相关,但与任务目标定向有负相关。

### (二)课堂环境对学生内在学习动机的影响

在课堂环境中,影响学生内在动机的因素是什么呢? 围绕这个问题,研究者主要考察了以下两个方面的因素。

首先是教师教学风格中的自主定向与控制定向的影响。关于自主支持(autonomy-supportive,简称 AS)与控制型(controlling,简称 C)教师教学风格的差异,德西等(1982)和瑞悟等(Reeveetal,1999)都做过比较研究。

总体来说,自主支持型教师是反应性的,如更多倾听学生的呼声;支持性的,如对学生的行为质量的赞许;灵活的,如给学生独立支配的时间;通过兴趣来激发学生,如支持内在动机。相反,控制型教师则是操纵性的,如控制教学材料,对学生指导和命令更多;灌输性的,如向学生直接给出正确答案;评价上批评更多,通过施加压力来刺激学生学习的积极性,如采用控制和强制的做法。

其次,除了教师教学风格对学生的内在动机产生影响,还有研究者对成就目标的影响作用也进行了研究。

## 二、课堂环境对学习资源利用的影响

一般来说,学业求助与其他方面的环境创设和资源利用相比,它更多地要通过与他人的互动才能完成。因此,制约学业求助的因素,除了学习者的主观条件以外,还涉及学习环境中的他人因素。基于这样的考虑,下面就只考察课堂环境对学业求助的影响。

课堂学习环境中对学生求助行为产生影响的因素大体上有以下两类：第一类是教师因素。迈尔和苏巴特（Mare & Sobat,2002）从学生知觉的角度，研究了支持或抑制求助的教师特征。他们认为，由于教师通常是学生求助的对象，因此教师对学生的求助作何反应或被学生知觉为作何反应，会对学生产生重要的影响，而且成为课堂学习环境氛围的中心。他们通过与学生交谈，归纳了10类影响学生求助的因素：教师提供帮助的意愿、教师的人格特征、教师对学生求助的反应、教师对学生的期待、教师提供帮助的能力、教师与学生的关系、学生与教师是否熟悉、教师的心境、教师反应的非确定性和教师的性别①。

纽曼（Newman,2002）提出，教师对学生学业求助的影响表现在三个方面。

## （一）教师的卷入

对适应性求助来说，教师卷入会通过师生间的交互作用和学生对教育的信念而产生影响。当教师将情感投入课堂之中，学生会尊敬教师并在课堂里体验到归属感。被学生知觉为关怀型的教师，能为学生提供一个师生交互影响的学习环境，如师生的目的、关注点和情感处于协调的状态。当师生拥有共同的目的时，教师就特别能采择学生的观点，理解学生的想法，并且基于这种理解而对学生的学习做出恰当的指导。友好的、关怀型的教师，他们能对学生保持开放的姿态，表现出民主的互动风格，愿意倾听、探询学生的求助需要，确保学生理解困难的学习材料，以非威胁的方式提供帮助。在这种风格的影响下，学生会认为求助于教师是有效的，教师是值得信赖的求助对象。因而，学生愿意向教师求助。

## （二）支持自主

语言学习策略者有较强的自主感。但这并不意味着他们是自足的和独立于他人的。相反，在需要的时候，他们也会对求助感到心安理得。教师支持自主和适应性求助的一个重要的方式，涉及课堂目标定向的创设和对学生个人目标定向的适应。研究表明，在掌握目标定向的环境里，学生真正对知识的理解感兴趣，他们会请求教师提供与任务相关的

---

① 范春林著. 课堂环境与自主学习[M]. 北京:国家行政学院出版社,2013.

信息帮助自己克服困难,而不求助的学生则是喜欢挑战,并且表现出良好的坚持性。但是,在表现目标定向的课堂中,学生为了掩盖自己的低能,他们一般不会求助,如果求助的话,也表现出非适应性求助,如不经过自己的探索就直接问正确答案。此外,教师应适应学生个人的目标定向。一般来说,具有掌握目标定向的学生,他们会寻求教师的启发而不是正确答案,希望获得教师对他们得出的结论是否正确的反馈信息,他们希望改正缺点,通过自己的努力获得正确答案。相反,具有表现目标定向的学生对这类信息并不感兴趣。教师适应学生个体差异的程度影响到学生的适应性求助。当课堂与个人都强调学习目标时,学生就很可能表现出适应性求助;而如果课堂与个人都强调表现目标时,学生则拒绝求助。还有一点很重要的是,具有表现目标定向的学生在强调学习目标的课堂中,他们会表现为克服回避求助的倾向或对回避求助的倾向有一定弥补作用。

## (三)支持胜任

语言学习策略依赖于学生的学业胜任感。教师通过提高学生的认知能力和社会交往能力,以满足学生的适应性求助的需要。例如,创设适宜的学习环境。研究表明,合作学习可以避免学生的社会比较和对求助行为的抑制;建立有助于适应性求助的课堂讨论模式。例如,教师为学生提供针对性反馈,有助于培养学生对自己求助需要的自我意识能力。

课堂环境中,除了教师因素影响学生的适应性求助,同伴也是非常重要的一个影响源。纽曼(Newman,2002)认为,同伴是儿童在学校社会化的重要动因。同伴对学生的影响表现在三个方面。

(1)同伴卷入。其一是友谊对适应性求助的影响。深厚的友谊可以为儿童开放地表达他们的求助需要;而冲突的同伴关系则使儿童拒绝向同伴暴露自己所遇到的困难。其二是学生的社会性目标的影响。一般来说,追求合群目标越强烈的学生,会更重视和利用求助,并将求助作为应对学习困难的策略。但应注意的是,追求合群并不一定导致适应性求助和学习成功。因为同伴间的友好也可能使大家贪玩好耍,或者同伴不一定能提供合适的帮助。此外,研究还发现,越是把同伴赞许看得重要的学生,即追求社会地位目标的学生,他们对向同学求助就越可能感到难为情。

（2）支持自主。同伴对适应性求助所需要的自主感,既可能起支持作用,也可能起削弱作用。其影响机制是社会比较。社会比较可能对适应性求助产生积极的影响。它可以给个体提供有关同伴的优势和不足方面的信息,从而使个体对同伴是否具有帮助的能力产生准确的评价。然而,社会比较也可能对求助产生消极的影响,因为向同伴求助可能被同伴认为是愚笨的表现。

（3）支持胜任。同伴影响胜任能力发展在很大程度上取决于教师允许学生相互帮助的程度。与个体化课堂活动(教师认为学生不需要相互帮助)和全班活动(提问通常是教师对学生而不是学生对教师)相比,在小组合作的环境里,当学生需要求助时,他们可以借助同伴,并且随着这种经验的增加,他们逐渐会成为善于互相提出高质量的问题的学习者。

# 第三节　课堂教学主体——教师与学生

## 一、课堂教学主体之教师

### （一）教师的角色

进入 21 世纪以来,全球化对中国的影响越来越深,对国民外语的要求也越来越高。在大学英语教学改革的大背景下,教学目标也随之发生了变化。这种教学目标的变化以及对新的教学理念的提倡,网络自主学习平台及多媒体等现代教学手段的使用,产生的一个显著影响就是大学英语教师的课堂角色发生了显著的变化。对于教师而言,如何适应新时期的挑战,尽快实现职能和角色的转变变得格外重要。

1. 角色特征的转变

在传统意识中,教师的作用是十分重要的。教师的知识必须博大精深,教师必须无所不知、有问必答。教师在各个方面不仅是学生的表率,而且是世人的楷模。很多行业甚至把教师神圣化。在这种观念下,教师与学生的关系是"单向的",即仅仅将知识传授给学生。长期以来,教师和学生的关系只是信息发送者和信息接收者的关系。学生的主体地位没有受到重视,教师成了负责传输某种文化指令的"信息发送器"。这种认识长期制约着教师的行为,使教师在自我角色定位时增加了沉重的精神压力。尤其是进入信息化时代后,教育手段日新月异,网络信息触手可及。

教师在这种情况下不可能成为无所不知的"百事通",在有些情况下需要和学生一起探究知识,而建构主义则认为,知识是建构形成的。因此,教师的任务在于帮助学生建构知识,在建构知识的过程中发展学生的想象力、参与精神、个性和主体性,千方百计地促进学生的发展。因此,现代化社会教师的角色是参与者和引导者。教师在课堂上不再是专业权威,学生也不是无知地被动接受知识,师生之间的角色日益淡化,教与学之间互换频繁,教师必须建构民主、平等、合作的学习环境,创设融洽和谐的人文氛围,树立与学生平等的理念,克服"唯我独尊"的传统观念,放下"师道尊严"的架子,与学生一道去探求真理,实现教师角色特征的转变。

## 2. 角色职能的变化

根据现代教学理论,教与学的本质属性是教师价值引导和学生自主构建的辩证统一。因此,现代教师已经不是课堂教学的核心,与之相应的角色职能也发生了改变。

教师是课堂活动中的参与者。在课堂教学中,师生之间的关系是一种合作关系,师生共同学习、共同研究,成为一个学习共同体。教师是学生活动的参与者,成为学生活动小组之中的一员,直接在小组内部贡献思想,而不是以局外协助者的身份推动学生交流互动。但教师作为参与者,需要注意参与的分寸和尺度。过度参与会造成学生以教师为中心,随教师的思想行动,无法发挥学生的主观能动性,使师生关系重新回到传统的教学模式中去,使师生之间的关系重新回到不平等的关系中。

教师在课堂活动中还是管理者。同时,教师也不可管得太多,管得太多会压抑学生的想法和创造力,其角色有可能又转化成课堂的主宰者。因此,现代化的教师要实施恰当的管理,这影响着课堂活力、效率和教学效果。

### 3. 角色重点的变化

随着教师职能的转变,教师的角色重点也发生了转变。首先,教师的教学重点不再是传统的传递知识,而是教学的优化者。学生在教学中不仅得到知识的启迪,更成为一种身心愉悦的过程。教师不断优化教学过程,从而不断提高教学质量。其次,教师的工作重点也发生了变化。在过去,教师的工作重点只是"上好课",现在除了完成正常的教学工作以外,教师还要不断学习,从"教书匠"向"学者型"教师的角色转变。

教师要不断更新自己的知识,完善自己,发展自己,不断扩大自己的知识视野。教师还要成为一名研究者。教师通过参加教育科研活动,将丰富的个别化经验加以概括,深化对教育教学客观规律的认识,并在新的实践中加以检验,完成"实践—认识—实践"的飞跃,因此教师不仅是一名知识的传递者,更是一名学习者和研究者。另外,教师的作用不仅在于传递知识,教师还是学生心灵智慧的启发者。教师要具备人文素质,指导学生过智慧生活,培育学生学会求知的能力,学会做事的能力。教师在传递知识的过程中帮助学生树立正确的世界观、人生观和价值观是现代教师应承担的责任之一。

## (二)教师能力提升策略

教育的问题首先考虑的是教师的问题,当然英语教学也不例外。英语教师在教学中起着指导者的角色,教师要引导学生认识学习、认识社会,教师也需要对自己严格的要求,逐渐使学生成为学习的榜样。

### 1. 提升自己的人格魅力

在教学中,教师的人格对教学情绪、学习效果产生直接的影响,那么教师该如何提升自身的人格魅力呢,主要在于坚持"五心"①。

(1)敬业之心

第一,教师要对自己从事的职业有清晰的认识,即认识自己职业的意义,认识到教师需要付出自己的努力,无私奉献自己。

第二,教师需要对自己的职业忠诚。随着科技不断发展,知识更新

---

① 龚芸. 高职学生学习倦怠问题研究[M]. 北京:北京理工大学出版社,2015.

换代快,教师应该树立终身学习的观念,不断提升自身的能力和水平。教师需要用自己的智慧吸引学生,让学生悦纳自己,以高度负责的姿态,真正起到表率的作用。

（2）爱生之心

爱心是促进学生不断成长的法宝。在工作时,教师不仅要传授给学生基本的知识,更重要的应该是培养学生,教会学生做人。教师需要有一颗热爱学生的心,只有真正地热爱学生,教师才能正确地看待学生。在大学,非英语专业的学生很多基础比较薄弱,这就需要英语教师付出努力,保持工作的耐心,不能因为学生犯错就对学生置之不理,而是应该真正地爱学生,将自己的情感融入学生,这样才能与学生建立友好的关系,让学生相信自己,愿意去学习。

（3）健康之心

当前的社会节奏非常快,人际关系也非常复杂,这对于教师来说也给教师带来了极大的影响。尤其是现代很多家长对教师的期待很高,因此教师的压力也非常大。除了这些压力,教师还面对自身工作、生活的压力,如教师待遇、教师工作性质等。

在学校中,学生与教师接触的时间比较长,教师的行为对于学生来说有直接的影响,是学生最为权威的榜样,教师的心理是否健康、能否承受住压力对于学生来说也至关重要。

对于大学生的英语学习来说,本身比较困难,因为他们将更多的精力放在了专业课的学习上,但是一旦步入社会,英语又是不可或缺的一部分,因此面对这样的压力,很多学生心理上容易产生压力,这时教师需要从积极的方向引导学生,这就要求教师首先具有一个积极健康的心理,自身保持积极的心态面对自己的工作,让学生看到榜样的力量,学会自我调节,从而也能树立健康的身心。

（4）进取心

时代不断发展,社会不断进步,教师需要具备一颗进取心。如果一名英语教师仅仅有专业知识,显然不能满足当前英语教学的需要,因为大学生步入社会之后运用到的英语知识,往往和专业密切相关,属于专业英语,所以教师除了要具备渊博的英语知识外,还需要涉猎其他各个方面的知识,这样才能提升英语教学的质量和水平。

## 2. 扩展自己的英语学识

英语教师是英语知识的传播者。当今社会,知识不断更新,教师需要不断拓展自己的视野,对自己的知识结构加以完善,提升教学的质量,树立终身学习的理念。这是提升英语教师素质的基本要求。

(1)广博的知识

作为一名英语教师,他/她首先需要具备渊博的英语知识。如果教师不扩展自身的知识,在课堂上往往会表现得捉襟见肘,课堂也显得平淡无奇,无法吸引学生的注意力。随着教学改革不断深化,科技不断进步,大学英语教师需要扩展自己的综合知识,注重知识的应用。教师只有对广博的英语知识掌握清楚,能够做到融会贯通,才能学会积极思考,发现问题并解决问题。

(2)先进的理念

英语教师具备广博的知识是他们开展教学行为的前提和基础。先进的英语教学理念是展开英语教学的灵魂。只有基于先进英语教学理念的指导,教师才能不断更新教学观念,提升英语教学的境界,为英语教学指明新的方向。在教学模式下,基于先进教学理念的指导,英语教学才能从"授业"转向"授业＋传道",提升学生的英语素质,促进学生的综合发展。

随着社会不断发展,出现了很多先进的英语教学理念,这就需要教师提升自己的敏感性,能够真正地做到与时俱进。教师需要从学生实际、专业实际出发,在教材内容的基础上融入当前的时事,这样不仅能够传授给学生基本的英语知识,还能吸引学生学习的兴趣和积极性,从而获得成功。

(3)双师的素质

大学英语教学的特色在于提升学生的英语技能。当前,作为一名大学英语教师,需要具备双师素质,即教师不仅掌握渊博的英语理论知识,还能够运用理论知识指导实践;不仅可以从事理论教学,还可以对学生的英语学习实践进行指导。也就是说,大学英语教师只有将自身的实际工作能力与英语课程整合起来,才能将理论知识讲活,为学生的专业课学习打下基础。

为了提升教师自身的实践能力,广大教师应该参与到具体的实践中或者利用假期参与培训学习,从而提升自身的实践水平,以便于更好地指导自己的学生。同时,在学生的实际训练中,教师能够娴熟地展开讲解,从而吸引学生的兴趣,使学生真正地获取英语知识与技能。

(4)科研的能力

大学英语教师还需要具备一定的科研能力。教学中如果没有科研作为底蕴,教育就如同没有灵魂一般。科研工作对于大学英语教师来说,无疑是在拓展自身的专业知识、对自己的学科结构加以丰富、提升自身的教学能力和水平。教师开展科研工作,可以让自己更加主动、自觉地思考教学中存在的问题,从而获取新知识,寻求解决问题的方式和方法。

作为大学英语教师,需要认识到科研的作用,不断提升自身的科研能力和水平,具体来说,主要培养如下五种能力。

第一,获得信息的技能。

第二,广泛地进行思考的能力。

第三,勇敢地攻克难关的能力。

第四,勇于创新的能力。

第五,将成果进行转化的能力。

## 3. 提高自己的英语教学能力

学校的学习不是将知识从一个脑袋进入另外一个脑袋,而是教师与学生之间每时每刻都在进行心灵的接触。教育属于一门艺术,课堂教学是教师彰显魅力的体现,其中最为关键的魅力就是上好一堂课。

大学英语教师要想让自己的课堂更有魅力,应该从师生之间的交流展开。如果英语课堂中没有交流,那就称不上真正的课堂教学。大学英语教师要想让自己的课堂更有魅力,应该多与学生之间展开对话与共享,一起发现问题、解决问题。

当然,英语课堂也必须是真实有效的,拒绝花架子的课堂,其中需要融入基础知识的讲解、思维的拓展、真实的教学活动,能够用最短的时间将知识传授给学生,让学生学到好的知识与技能。

具体来说,教师的英语教学能力主要展现为如下几点。

(1)个性化的教学设计

大学英语课堂教学的能力首先体现在对英语教学的设计上。所谓教学设计能力,即教师在开展英语教学之前,从英语教学目的出发,设定英语教学程序,制订英语教学方法,选择恰当的英语教学内容。

当前,很多教材都包含现成的教学课件,因此很多教师并未付出辛苦在教学设计上,而往往拿现成的课件展开教学。但是,真正的教学设计要求教师能够吃透所要教授的内容。对学生的学习状态有清楚的了解,从而确定教学目标,选择恰当的方法,设计出独特的教学思路。

英语教师进行教学设计的过程,实际上就是创造的过程,但是在进行教学设计时,要求灵活、简洁,并且真正做到以学生为中心,并且在设计时也要体现出预见性。

(2)整合性的教学能力

所谓整合性教学,即要求在教学中将学科的各个环节与要素、不同方法有机地整合在一起,使教学更具有程序性。

整合性教学要求教师拥有良好的知识结构,具有程序化的教学技能,具有丰富的教学策略,能够付出较少的努力就可以完成各项教学任务,帮助学生实现英语学习。

大学英语课堂教学的首要任务就是激发起学生英语学习的兴趣,吸引学生的注意力。现在的大学英语课堂中存在很多低头族,并且已经成为大学中的一道靓丽风景:不管讲台上教师讲得多么用心、用力,下面的学生多数在玩手机、刷微博、看朋友圈等,他们可能忘记带教材,但是也不会忘记带手机和充电宝。面对这样的大学英语课堂,教师需要对其进行有效的组织。

另外,在语言上,教师应该确保表达的准确性与针对性,做到突出重点、清晰精练。教学技能也要不断提升和创新,要时时改变授课手段,延伸教学模式,创新考核手段。

(3)反思性的教学能力

所谓反思教学能力,即教师将教学活动作为参考对象,对自己的教学行为、教学方法、教学决策以及产生的结果加以分析和审视的能力①。

反思能力一般可以划分为如下几种,如图 5-1 所示。

著名心理学家波斯纳还提出了教师成长的公式:

$$成长＝经验＋反思$$

显然,反思对于一名教师来说非常重要,是教师成长进步的重要途径。反思教学要求教师能够做出理性的选择,并能够承担相应的责任,教师通过自我觉察,改变教学行为。教师只有不断反思自己的教学行为,才能不断提升自身的教学能力。

---

① 龚芸. 高职学生学习倦怠问题研究[M]. 北京:北京理工大学出版社,2015.

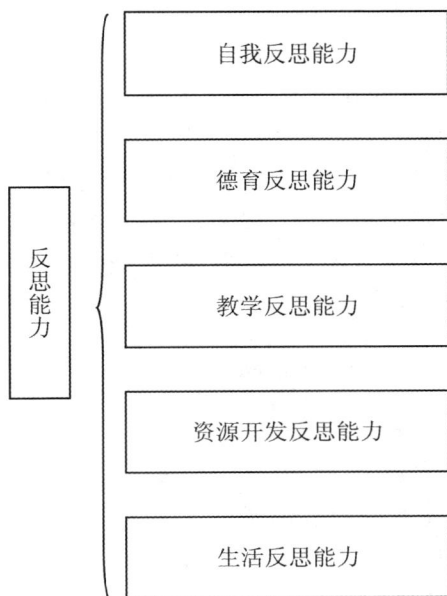

图 5-1　反思能力的组成

（资料来源：龚芸，2015）

### 4. 修炼自己的形象魅力

近些年，不断出现"最美教师"，这说明进入新时代，大家对任何职业都有了较高的要求，不仅仅对教师的能力有要求，还要求教师的形象。在新时代，教师应该具有朝气，这主要体现在教师也应该努力追求美，外在美、仪表美也是能够吸引学生的一大关键。

外形仪表体现的是一名教师的气质、素养以及审美观，也能表露出美好的心灵。教师清丽脱俗的气质、优雅的风采、巧妙的语言、豁达的性格等，往往能够吸引学生的注意力，陶冶学生的思想情操。

## 二、课堂教学主体之学生

无论是普通教育，还是大学英语生态教育，学生都占据主体的地位，对自己的学习起着重要的调控作用。因此，下面就来分析学生的主体地位。

## (一)学生的主体性

学生的主体性,是指在英语教学活动中,所有的教学设计和教学行为都是围绕学生而进行的,其处于英语教学的核心位置。

学生在教学活动中的主体性与其主观能动性有着密切的关系,人的主体性是其个性发展的核心。一般的,主体性越明显,学生对自己是为何而学习的理解程度就越深,这对于其更好地知道该如何去做、如何做得更好是有积极意义的。

### 1. 学生在英语教学中的地位

(1)学生是英语学习的主体

在英语教学过程中,教师和学生都是参与者,二者都是重要的主体,但是二者的主体所处的环境是不同的,教师是英语教学中起主导作用的主体,其主要职责在于"教",而学生则主要为了"学",因此在英语学习中,学生是主体。

(2)学生是英语教师的合作者

在英语教学中,教师和学生是直接参与的两个主体,同时英语教学中有些项目动作是需要英语教师和学生共同来完成的,因此只靠教师的教是无法达到教学目的的,需要学生的配合,才能使教学活动顺利进行并保证教学效果。

(3)学生是英语文化的继承者和创造者

学生在英语学习过程中的一个重要学习任务就是不断汲取英语的相关知识,如英语文化知识,这样才能对英语的理解和感悟不断更新升华,形成创新性的英语文化。与此同时,学生在英语文化方面也要具有一定的创造力,通过不断的创造来使所学的英语文化得到良好的传承和发展。

### 2. 学生主体性在英语教学中的体现

学生在英语教学中的主体地位是毋庸置疑的,苏霍姆林斯基"让每个学生都抬起头来走路"的教育信条,就将学生的主体性地位充分体现了出来。一般来说,英语教学活动中学生的主体性可以从以下几个方面得以体现。

（1）对教育影响的选择性

教师的教育影响并不能让学生全盘接受，只有那些与学生自身的特点和需求相符的教育影响，才能为学生所接受。学生有根据主体意识，积极地或消极地进行选择的权力。

（2）学习的独立性

学生本身具有个体化特征，这就决定了其在学习起点、学习的目标与追求、制约学习的个性心理特征等方面也有所差别。因此，就要求英语教学中教师要遵循因材施教原则。

（3）学习的主动性

学生学习活动的主动性、自觉性是学生学习主体性的本质体现，英语教师的教学活动要建立在学生对英语学习的自觉的、主动的、自我追求的基础上。

（4）学习的创造性

学生在英语教学任务的方式、方法、思路以及对问题的认识等方面的完成与实现，与教师所教的内容或方法并不是存在着完全的关系的，其中也能将学生的一些创新性和创造性体现出来。因此，英语教师要在认同这种创造性的同时进一步给予鼓励。

**3. 学生主体性发挥需要具备的条件**

学生在英语教学中的主体性地位的重要性已经显而易见，那么要实现这种作用，需要具备的条件有哪些呢？

（1）教师的教授目标与学生的学习目标相协调

在英语教学中，英语教师首先要将"为什么教英语"的问题明确下来，要充分理解社会对英语教育的要求和期待，让学生最终能够获得理解能力、学习能力、领悟能力等。但是这些并不是全部，还要求英语教师将教授的目标转化成学生学习的目标，即我要理解、学习和领悟的内容有哪些。

（2）教师和学生共同拥有英语教材

这主要是指英语教师在明确了教学内容和教学的方法、手段的同时，要让学生明白其所要学习的内容和方法、手段。要使学生在学习过程中始终对所学内容的文化体系和技能体系有个概观，同时对本教材目标与总目标的关系、本教材的科学教程、本教材的重点、本教材的难点以及本教材与自己身心发展之间的关联等有充分的了解，只有这样师生才共同拥有"把英语教学导向目标的载体和道路"。

(3)教学情境应该自由民主

良好的教学情境对于英语教学的开展是有帮助的。因此,英语教师要做好这方面的创设,以此来对学生大胆地好奇和探索进行激发,诱发学生产生和提出各种各样的问题。民主性能够从尊重学生的人格,理解他们的学习基础和原谅他们在学习中的缺点和错误等方面得以体现。

(4)教师对学生的学习方法要足够重视

要充分发挥学生主体性,就必须让学生在"学习方法"上具有自主性和主动性。当前,英语教师的一个重要任务就是积极转变学生的学习方式,使多样化的学习方式逐渐取代他主的、被动的学习方式。

与此同时,英语教学中的"自主性学习"和"探究性学习"也要进一步加强。

## (二)英语生态教学中学生的角色

在大学英语生态教学中,应该以教师与学生共同构成生态平衡,强调二者之间的合作与互动,从而使这一生态系统稳定持续发展。具体来说,学生主要有如下几个角色。

### 1. 生态系统的主体者

生态系统的构建是彼此相互促进、相互依存的结果。学校里面的生态系统一方面是要实现学生能力与知识的发展,促进学生在学校这一环境中能够自由全面健康的发展;另一方面,学校的生态系统也是要实现教师的专业化发展。当然,促进学生的发展是主要方面。因此,在生态教育背景下,学生应该被视作生态系统的主体,应该以学生的可持续发展为中心,通过促进学生的健康成长来实现整个系统的和谐发展。

### 2. 自我学习的开拓者

当前,教师占据主导地位、学生占据主体地位已经被大多数认可。教师从成人的立场出发,通过较为成熟的世界观与人生观,对每一位学生的行为加以关注与了解,分析他们的具体需求。但是,对于学生而言,没有比自己对自己更了解,因此学生需要不断挖掘自身的需要,明确自己的发展方向。

　　因此,在生态教育背景下的大学英语课堂中,学生应该成为自己学习的开拓者,选择自己的学习方向与目标,然后有规律、有计划地开展自己的学习,这样才能更好地掌握知识。

# 第六章　跨文化交际语境下大学英语教学生态体系的内容

进入 21 世纪,人们逐渐意识到人类的进步与生态和谐有着密切的关系。对于大学英语课堂教学的研究自然也可以基于生态学的视角展开探索。可以说,从生态语言学角度看,大学英语课堂教学是一个完整的微观生态系统。因此,本章就对跨文化交际语境下大学英语教学生态体系的内容展开探究。

## 第一节　大学英语知识教学及其实践

生态语言学作为一门新兴的语言学分支学科,为语言教学理论与方法的研究带来了新的思路和新的视角。本节以生态语言学为指导,探讨大学英语知识教学的方法,分析不同教学方法的内涵和具体操作方式,最后提供一定的教学实践。可以说,运用可持续发展的大学英语词汇、语法课堂教学方法,可以切实提高教学质量与学习效率。

### 一、词汇教学及其实践

#### (一)词汇教学的原则

在大学英语词汇教学中,教师应科学地遵循教学原则,以使词汇教学更加高效、有序地进行。具体而言,教师在开展词汇教学时可遵循以下教学原则。

### 1. 联系文化原则

语言与文化密切相关,很多词汇都蕴含着丰富的文化,而且词汇学习的最终目的也是进行跨文化交际,因此联系文化原则应是大学英语词汇教学遵循的一个重要原则。遵循联系文化原则是指在大学英语词汇教学过程中,词义的讲解、结构的分析都应与文化相联系。充分理解语言文化,有助于加深对词汇的理解,全面掌握词汇的演变规律,有效地运用词汇①。

### 2. 词汇运用原则

学习词汇并非为了单纯地记忆词汇,而是为了在交际过程中有效运用词汇,因此在大学英语词汇教学中,教师应遵循词汇运用原则。这一原则是指教学中教师不仅要讲授词汇知识,还要引导学生对词汇加以运用。具体而言,教师在教学中要设计符合学生学习特点的教学活动,让学生积极参与教学互动,进而锻炼词汇运用能力。

### 3. 新潮性原则

在科技迅速发展的大数据时代,大学生有着开放的思想、新潮的想法,而且无论是学习还是生活,都与信息异常密切。对此,大学英语词汇教学应顺应社会的发展趋势和学生的需求,与时俱进,具有新潮性。教师除了教授教材中的词语,还可以适时传授一些热门新词,如 selfie(自拍),bestie(闺蜜)等,这样学生就会切实感受到语言的鲜活性和发展性,学习词汇的积极性兴趣也会随之提高。

## (二)词汇教学的方法

### 1. 讲授文化知识法

在词汇教学中,教师可以采用教授法开展文化教学,即教师直接向学生展示文化承载词的分类及内涵等,同时通过图像声音结合的方式列举生动的例子加以说明,直观地培养学生对文化的兴趣。只有熟悉了英

---

① 韩楠. 大学英语教学体系构建与创新性研究[M]. 长春:吉林大学出版社,2020.

语文化，才能让学生透彻地了解英语词汇。学习语言时不能只单纯地学习语音、词汇和语法，还要接触和探索这种语言背后的文化，在语言和文化的双重作用下，才能真正掌握英语这门语言。采用直接讲授法讲授文化，既省事又有效率，而且这些文化不受时空的限制，方便学生查找和自学。

例如，"山羊"/goat，在汉语环境中，"山羊"一般扮演的是老实巴交的角色，由"替罪羊"这一词就可以了解到；在英语环境中，goat 则表示"好色之徒""色鬼"。这类词语还有很多，如 landlord（褒义）/"地主"（贬义），capitalism（褒义）/"资本主义"（贬义），poor peasant（贬义）/"贫农"（褒义）等，这些词语代表了人们不同的态度。在词汇学习过程中，要深入了解和尊重中西方文化，这样才能更好地将词汇运用于交际。

再如，根据当下流行的垃圾分类，教师可以让学生翻译这四类垃圾：干垃圾、湿垃圾、有害垃圾、可回收垃圾。大部分学生都会将"垃圾"一词翻译为 garbage，实际上正确的翻译应是 waste。由这两个词就可以看出中西方文化差异。在英语中，garbage 主要指食物或者纸张，waste 主要是指人不再需要的物质，可以看出 waste 的范围更广，其意思是"废物"。当翻译"干垃圾"和"湿垃圾"时，学生又会翻译得五花八门，实际上"干垃圾"是 residual waste，"湿垃圾"是 household food waste。所以，学生有必要深入了解中西方文化的异同，这样才能学好词汇，才会形成英语思维，进而形成跨文化交际能力。

## 2. 创设文化情境法

语言只有在语境中才能焕发生机与活力，单独去看某个词汇很难在其中发现个中韵味，但是一经组合和运用，语言便有了生命力。因此，教师应创设信息丰富的环境，为学生提供真实的语言环境和大量的语言输入，使学生在逼真的语境中学习英语，给学生提供学习和运用词汇的机会。教师可以设计一些活动，如组织学生观看电影，然后指导学生进行角色扮演，让学生经历真实的跨文化交际情景，培养学生的跨文化交际能力。

除组织跨文化交际活动外，教师还可以组合一些课外活动，让学生切实感受英语文化，扩大学生的词汇文化资源，培养学生的跨文化交际能力。例如，《疯狂动物城》这部动画片深受学生的喜爱，但大部分学生并没有注意这部影片的名字 Zootopia，也没有对其进行探究，觉得这是电影中虚构的一个地方。如果学生知道乌托邦的英文是 Utopia，可能会理解这个复合词 Zootopia 是由 zoo（动物）和 Utopia（乌托邦）结合而来。实际上，很多学生连汉语文化中的"乌托邦"都不了解，更不用说英语文化了。其实，"乌托邦"就是理想国，Zootopia 就是动物理想国，动物之间没有相互杀戮的地方。如果学生在观看电影前能对其中的文化进行探索，或者教师稍微引导，那么观影的效果就会更好，而且在欣赏影片的同时还能掌握文化知识。

## 二、语法教学及其实践

生态语言学视域下的语法课堂是动态的，是可持续发展的，其涉及生态环境中的多个生态因子，这些因子互相依存且相互制约。语法教学的每个环节都应考虑到各个要素以达到生态平衡。从微观层面说，应该考虑如何保持语法与听、说、读、写之间的平衡关系；从宏观层面看，应重视教师知识储备、教学方法、学生学习方法与策略、学习规律及教室环境等因素对语法教学的影响。

### (一)语法教学的原则

大学英语语法教学的有效开展应以科学的原则为保障，也就是说，在大学英语语法教学中，教师应遵循一定的原则，以确保教学高效开展。

1. 实践性原则

传统的大学英语语法教学只重视知识传授，不重视技能培养，忽视语法的交际功能。《大学英语教学指南》注重学生能力的培养。教师要明确英语语法教学只是培养语言实践能力的桥梁，其目的是更好地培养学生听、说、读、写语言实践能力，进而达到用英语进行交际。因此，语法教学必须突出其实践性原则。

2. 交际性原则

在大学英语语法教学中，教师应遵循交际性原则，即恰当地运用多媒体设计课堂教学，创设合理的语言交际环境，使语言交际环境符合实际环境，从而帮助学生更好地掌握语法知识，提升交际能力。提高学生成绩并不是语法教学的最终目的，与语法知识的使用才是语法教学的本质，所以语法教学应结合实际生活，培养学生的语法思维，提升学生的听、说、读、写能力，提高学生的语言交际能力。

### 3. 文化关联原则

语法作为语言的内部规律，与文化有着密切的联系，即蕴含和反映着丰富的文化信息。对此，在大学英语语法教学中，教师应重视文化因素对学生语法学习的影响，并有意识地进行文化教学，创设英语语言环境，从而丰富学生的文化知识，切实提高学生的语法能力和语言交际能力。

## (二)语法教学的方法

语法课堂教学除了要注意以上生态问题，还必须熟悉如下具体的方法。为了提高学生的语法水平，培养学生的交际能力，教师应灵活选用有效的教学方法开展语法教学。

### 1. 文化对比法

文化对于语法教学影响深远，因此教师可以采用文化对比的方法展开教学，让学生不断对英汉语法的差异有所熟悉，培养他们的跨文化交际意识与能力。

众所周知，我国学生是在母语环境下来学习的，因此不知不觉地会形成母语思维方式，这对于英语学习而言是非常不利的，甚至在组织语言时也掺加了汉语的成分。基于这样的情境，英语教师就需要从学生的学习规律出发展开对比教学，使学生不断认识到英汉语法的差异，这样便能在发挥汉语学习正迁移的前提下，使学生掌握具体的英语语法知识。

### 2. 创设文化语境法

在大学英语语法教学中，教师可采用情境教学法开展教学，情境教学法有着包含语法规则和知识的真实环境，可以充分调动学生不同的感觉器官，激发学生学习的兴趣，可以让学生在接近真实的情境中确实参与到学习中，使学生系统地掌握语法知识。语法教学通过情境化实现了认知与情感的联合,颠覆了过去只讲述语法规则的陈旧方法,学生有了使用语言的空间。而且通过情境化教学,课堂氛围更加活跃,师生关系更加和谐,学生的语法能力和交际能力会得到显著提升。

# 第二节　大学英语技能教学及其实践

语言技能包括听、说、读、写、译五个部分。从语言交际功能看,听、说、读、写、译是接受(听、读)和产出(说、写、译)之间的相连互动。

## 一、听力教学及其实践

英语听力作为课堂教学的一种形式,是语言输入最重要的渠道之一。国内很多学者针对如何提高听力学习的效果开展了大量研究,这里尝试将英语听力课堂看成是一个有机体,从生态外语教学观来研究听力教学。

### (一)听力教学的原则

#### 1.综合原则

英语包含五项基本技能,即听、说、读、写、译,这几项技能之间并不是相互独立的,而是密切联系、相互促进。所以,教师要想切实提高听力水平,就要重视听力与其他技能之间的关系,将输入技能训练和输出技能训练相结合,培养学生的综合英语能力。

#### 2.注重情感原则

在教学中,教师除了要注重学生学习本身外,还要重视学生的情感体验。具体而言,教师要为学生创造一个轻松、愉快的课堂环境。例如,教师在听的过程中可以穿插一些幽默小故事、笑话、英文小诗、英文卡通或英文歌曲等,也可以根据实际情况改变听的形式或更换听的内容等,努力消除学生因焦虑、害怕等产生的心理障碍,创造和谐的学习氛围,使学生获得良好的学习体验,进而提升学生的听力水平。

## (二)听力教学的方法

### 1. 文化导入法

（1）通过词汇导入

在大学英语听力教学中通过词汇向学生导入文化知识,不仅可以提高学生的文化意识和素养,还能丰富学生的词汇量,为听力能力的提高奠定基础。例如,"狗"这一动物在中国文化中多具有贬义色彩,从"狗腿子""狗拿耗子"等表达中就能看出,而在西方文化中,dog 深受人们的喜爱,被人们当作好朋友。在听力教学中,有意识地扩大学生的词汇量,丰富学生的词汇文化知识,将对学生听力能力的提升大有裨益。

（2）通过网络导入

现代信息技术的发展促使网络开始普及,而且在各个领域发挥巨大作用。在信息化时代,教师可以充分利用网络技术向学生输入文化知识。

### 2. 电影辅助法

英语电影能够营造真实、生动的听力环境,而且能够帮助学生更好地了解西方文化,从中体会中西方文化差异,进而提高跨文化交际能力。因此,将英语电影运用于大学英语听力教学,可有效激发学生的学习兴趣,提高教学的效率和学生的听力水平。具体而言,可采用以下步骤开展教学。

（1）观赏影片前

在观赏影片之前,教师和学生需要做一些准备工作。这些准备工作是指,在选定影片之后,教师要为学生布置好与电影主题相关的作用,鼓励学生在课下通过网络搜集一些与电影背景相关的信息,通过此方式加深学生对影片的了解。在临近观看前,教师要对影片的相关内容进行介绍,并提出相关的拓展学生思维的问题,如影片中有哪些俚语以及主角爱好等,这样能够引导学生带着问题和好奇心去观看影片。在准备工作完成之后,学生在了解影片的基础上,边观看影片边解决问题,以期达到更好的学习效果。

（2）观赏影片中

在观看影片的过程中，教师可选择和运用影片中某个经典片段的放映来指导学生进行精听。精听要求学生听清每一个词、短语和句子，清楚每一个情节。通过精听，教师可以更好地引导学生学习影片中的语言。在精听的同时，教师还可以采取泛听的方法，让学生了解影片的故事梗概。此外，在播放影片的过程中，教师可以根据学生的英语水平和影片中的相关内容适时暂停影片，提醒学生影片中的一些关键对话，辅助讲解一些俗语、委婉语、禁忌语等，同时分析其中所涉及的中西方文化差异，帮助学生掌握语言精华，培养跨文化意识。

（3）观赏影片后

在影片结束之后，教师可以有针对性地进行扩展活动，即选择影片中的经典情节，组织学生进行角色扮演，从而巩固学生的听力水平，锻炼学生的表达能力，提高学生发音的准确性，培养学生的语感，同时树立学生的信心，促使学生合作学习。另外，教师可以鼓励学生谈论影片的主题及意义，引导学生撰写影评，这样可以巩固学生通过影片所学的词汇、语法等知识的运用，进而提高学生的听力水平。

总体来说，英语电影语言丰富，情节生动，深受学生的喜爱，将其运用于大学英语听力教学，将能够为学生营造一个真实的语言环境，锻炼学生的听力能力。但需要注意的是，采用电影辅助法开展大学英语听力教学，在选材上要多加留意，要选择那些语音纯正、用词规范、内容健康的经典影片，这样才能让学生学到地道的英语表达，提高学生的听力水平。

3. 游戏教学法

大学生"说不出，听不懂"的问题依然是大学英语听力教学中的重要问题，而基于信息技术的发展，游戏教学法成了听力教学的突破口。游戏教学法寓教于乐，能有效激发学生参与听力教学的积极性，促使学生实现知识能力的自我构建。

（1）设计学习目标

具体而言，学习目标的设计涉及以下三个问题。

①交互式游戏教学环境的构建问题。

②学生参与交互式游戏教学的积极性和主动性问题。

③交互式游戏教学的效果问题。

（2）分析教学对象

在开展游戏教学时，还要对教学对象，即学生进行分析，了解学生的学习需求、学生感兴趣的内容等，进而实施因材施教，确保教学效果。

（3）游戏教学的设计和应用

《王者荣耀》这款游戏深受更大学生的喜爱，对此教师可以依据这款游戏来开展大学英语听力教学。具体而言，教师可根据游戏中玩家协作和竞争的模式，设计角色扮演的游戏教学程序。

## 二、口语教学及其实践

从生态的视角发展学生课堂口语交际成了很多学者感兴趣的问题。下面笔者先从生态学视角研究英语口语教学的原则，然后介绍一些可以采用的教学方法及实践。

### （一）口语教学的原则

#### 1. 先听后说原则

在英语语言技能中，听和说是相辅相成，听是说的基础，俗话说"耳熟能详"，只有认真听、反复听、坚持听，才能最终说一口流利的英语。因此，大学英语口语教学应当坚持先听后说原则，即教师首先应注意加强学生听的能力，其次才是说的能力。只有坚持先听后说原则，才能帮助学生掌握正确的发音，为训练口语能力打下良好基础。

#### 2. 科学纠错原则

学生口语能力的锻炼需要学生不断地说，而学生在说的过程中难免会出现各种问题，有些教师不注意纠错的方式，一旦发现学生表达有误，就打断学生进行纠错，这样不仅会打断学生的思路，还会挫伤学生的自信心，更会使学生失去说的勇气。对此，教师应遵循科学纠错原则，即对学生表达过程中出现的问题加以区别对待，根据学生的性格和所处的场合分别处理。这样能避免影响学生的积极性，也能使学生认识到自己的错误并自行加以改正。

## （二）口语教学的方法

### 1.文化对比法

英汉文化差异对口语交际有着很大的影响，因此在英语口语教学中，教师应加入中国文化元素与西方文化元素的对比，呈现中西方文化之间的差异。以饮食文化为例，西方人宴请客人时多考虑客人的口味、爱好，菜肴通常经济实惠。中国人为了表示热情好客，在请客时通常准备多道菜肴，而且讲究菜色搭配。引导学生进行文化对比，不仅能提高学生的文化适应性，也能减少汉语思维的负面影响，进而提高学生的跨文化交际能力。

### 2.课外教学法

英语课程的课堂时间十分有限，学生仅仅依靠课堂上的学习时间往往很难满足自身学习任务的要求，所以教师应该引导学生自动利用身边一切可以利用的时间和环境来练习口语。在课外，学生学习的知识可以作为课堂教学内容的补充，如果教师能够利用丰富的第二课堂，即课外活动，那么学生自身的口语能力提升的速度也是显而易见的。例如，教师可以组织学生进行英语演讲、英语作文比赛、英语短剧表演等，让学生将自己的表演录成视频，在多媒体教室播放，学生通过观看视频来提出自己的建议与评价，这可以在短时间内提升学生的英语口语能力。此外，有条件的教师还可以邀请一些外籍教师为学生进行课外讲座，或者创办英语学习期刊，设立英语广播站等，让学生在丰富自己课余生活的同时也能体会到英语口语的乐趣，从而更加热爱英语口语学习。

### 3.美剧辅助法

大学校园中，美剧十分流行，深受学生的喜爱。实际上，美剧并不仅是一种消遣方式，还是帮助学生认识西方文化、提高口语表达能力和交际能力的重要途径。对此，教师可以通过美剧来开展口语教学，以改善口语教学环境，激发学生的学习兴趣，锻炼学生的口语表达能力。

（1）选择合适的美剧

美剧通常语言地道、故事情节生动富有吸引力，是一种有利于激发学生兴趣的学习资料。美剧类型丰富,题材各异,不同类型的美剧对学生的口语能力所发挥的作用也不相同,因此在运用美剧开展口语教学时,教师要对美剧进行筛选,选择有利于发展学生口语水平的美剧。此外,教师还要提醒学生不要只沉浸在对美剧的欣赏中而忽视对美剧中语言知识和文化背景的学习,鼓励学生带着学习动机来观赏美剧。

(2)开展层次性的反复训练

在运用美剧进行口语教学时,教师应遵循循序渐进原则,开展反复性的练习,逐步提升学生的口语能力。例如,在首次观看的时候,教师要引导学生将精力放在剧情上;在第二次观看时,教师可以引导学生对剧中的表达和语法等进行推敲;第三次观看时,教师可引导学生重点对人物说话的语气以及台词所隐含的内容进行挖掘和分析。分层逐步开展,可以有效加深学生对剧情的理解和记忆,对提高学生的口语能力十分有利。

(3)关闭字幕自主理解

在看美剧时,很多学生习惯看字幕,脱离字幕将无法正常观看影片,实际上这样观看美剧对提高口语表达能力并不利。在观看美剧时,学生应对台词形成自己的理解,在不偏离剧情中心思想的情况下抛开字幕自主理解,可以有效锻炼学生的英语交际思维。

(4)勇于开口模仿

学生要想通过美剧切实提高口语交际能力,就要在听懂台词、了解剧情的基础上开口说,即对剧中人物的台词进行模仿。只有不断地开口练习,才能培养英语语感,增加知识储备,进而提高口语交际能力。

总体而言,采用美剧来辅助英语口语教学能力能有效提升学生的听说能力,还能提升学生的写作能力,进而培养学生的跨文化交际能力。

## 三、阅读教学及其实践

生态外语教学是以生态语言学为理论基础的,其吸收了应用语言学的研究成果,通过大学英语阅读课堂教学过程中对生态教学观的应用和反思,为大学英语阅读课堂教学研究、剖析和发展展现了新的视野,给大学英语阅读教学带来了一些观念上的变化,丰富了大学英语课堂教学实践。

## (一)阅读教学的原则

### 1. 重视一般词汇教学原则

对于英语阅读而言,词汇是必不可少的组成部分,也是顺利进行阅读的基础。作为一名英语教师,应该理解词汇在阅读理解中所扮演的角色。学生理解基础词汇,有助于他们在阅读上下文时猜测出一些低频词汇的含义。根据研究显示,那些经常阅读学术性文章的学生对术语应付的能力要明显强于应付一般词汇的能力。因此,学生如何积累一般的词汇是教师需要关注的问题①。

在词汇积累教学中,单词网络图是比较好的方式。在英语阅读课堂上,教师可以给出一个核心概念词,然后让学生根据该词进行扩展,从而建构其他与之相关的词汇。需要指出的是,高频词教学在词汇积累中是非常重要的,其有必要渗透在英语听、说、读、写、译教学之中,并在细节层面给予高频词过多的关注,这样才能便于学生顺利完成阅读,并根据这些高频词顺利猜测陌生词的意义。

### 2. 速度与流畅度结合原则

英语阅读教学存在一个严重的困难就是,虽然学生具备了阅读的能力,但是很难进行流畅的阅读。也就是说,很多教师将更多的关注点放在学生阅读的准确性上,而忽视了学生阅读的流畅性。这就要求教师在阅读教学中应该找寻一个平衡点,不仅帮助学生提高阅读的速度,还要在保证学生阅读的流畅性,这是阅读教学培养速度的最终目的。一般来说,学生阅读的过程不应该被词汇识别干扰,而是应该花费更多的时间研读内容及语言背后的文化。要想提升阅读的速度,一个好的办法就是反复进行阅读。学生通过反复地阅读,直到实现速度与理解的结合。

### 3. 激活背景知识原则

所谓背景知识,是读者在对某一语篇理解的过程中所具备的态度、价值观、对行为方式的期待、达到共同目标的方式等外部世界知识。在

---

① 赵莎莉,王晓明.英语阅读教学研究[M].北京:中国纺织出版社,2018.

英语阅读教学中,背景知识是重要的组成部分,尤其是对母语为汉语的人来说,阅读那些源自汉语文化背景的著作要容易一些,但是阅读那些不同文化背景下的相关著作必然会遇到困境。要想对以英语文化为背景的语篇有着深刻的理解,必然需要具备相关的文化语境图式,这样才能实现语篇与学生文化背景图式的吻合。读者的背景知识会对学生的阅读理解产生影响。其中,背景知识包含学生在阅读语篇过程中所应该具备的全部经历,包括教育经历、生活经历、母语知识、语法知识等。如果教师通过设定目标、预测、讲解一些背景知识,读者的阅读能力就能够大幅度地提高。如果学生对所阅读的话题并不清楚,教师就需要建构语境来辅助学生的学习,从而启动整个阅读过程。

具体来说,教师在进行备课时要精心准备教材,弄清弄透英语阅读教学中存在的文化语境空白,对材料进行精心地选择,或者为学生提供某些线索,让学生通过一定的手段和方式处理语篇中涉及的文化背景知识。当然,由于课堂时间是非常有限的,学生不可能解决所有不熟悉文化背景知识的内容,这时候就需要教师充当建构新文化语境的工具。教师需要了解学生在自主学习中遇到的问题,帮助学生顺利理解所学的知识与材料。

### 4. 把握阅读教学关键原则

受中国应试教育的影响,阅读教学与其他教学一样,教师将更多的关注点放在教学检测结果之上,而阅读理解中的理解却被忽视。实际上,成功完成阅读的关键就在于完善与监控阅读理解。为了能够让学生学会理解,可以从学生的自我检测入手,并鼓励他们同教师探讨具体的理解策略,这是元认知与认知过程的紧密结合。

例如,教师不应该在学生阅读完一篇文章之后,提问学生关于理解的问题,而是应该为学生示范如何进行理解。全体学生一起阅读,并一起探讨,这样便于每一位学生理解文章的内容。

## (二)阅读教学的方法

图式理论充分彰显了阅读的本质,即强调阅读的本质是读者及其大脑中所理解的相关主题知识与阅读材料输入的文字信息之间相互作用与交互的过程。图式理论是一种关于阅读研究的科学理论,其不仅强调文化背景知识与文化主题知识的重要性，还并未忽视词汇、语法在阅读中的重要作用。下面通过读前、读中、读后三个阶段进行详细的分析。

读前阶段是信息导入阶段。在这一阶段，要发挥出图式在阅读之前的预测功能。教师可以组织学生参加一些讨论、预测或者头脑风暴等活动，从而将学生头脑中的图式激发出来。在这一阶段，通过自上而下的阅读，学生头脑中的先验知识与文本相结合，从而将学生的图式激活与构建，为学生进一步的阅读埋下伏笔。

读中阶段是文化渗透阶段。在这一阶段，要发挥出图式的信息处理功能。学生们根据自上而下的模式来探究文章的整体思路。一些新的文化知识可以通过自上而下的阅读模式获得，从而构建内容图式与阅读技巧。在读中阶段，略读、细读等都是比较好的策略。

读后阶段是文化拓展阶段。在这一阶段，要发挥出图式的记忆组织功能。教师可以通过各种活动对学生的新图式加以巩固，如辩论、角色扮演、讨论等。图式理论指出学生存储在大脑中的图式越丰富，学生的预测能力就越强。因此，课外阅读是非常重要的。

具体可以通过图 6-1 体现出来。

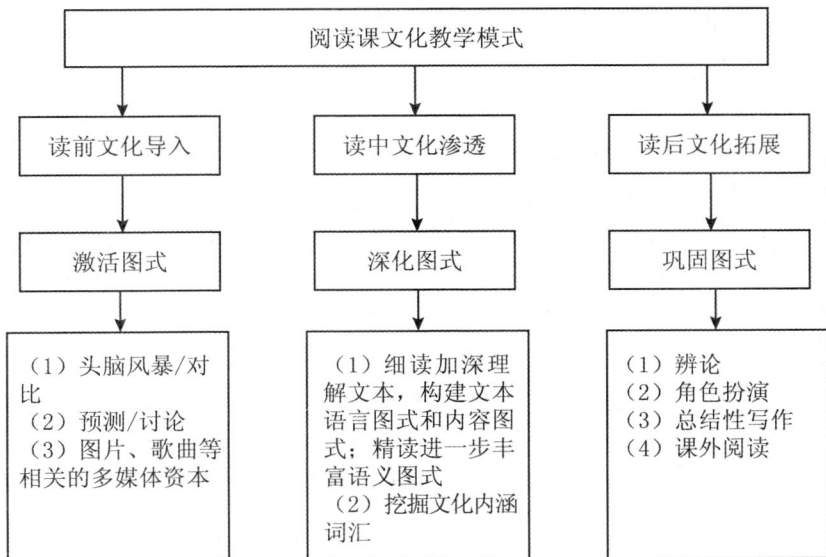

**图 6-1　阅读文化图式模式**

（资料来源：马苹惠，2016）

1. 读前文化导入——激活图式

(1)头脑风暴法。在英语阅读中,头脑风暴法常被用于导入环节之中。学生通过这一方法可以展开丰富的联想,从而刺激头脑中形成新的图式。因此,教师在文化导入过程中要考虑话题的需要,为学生创设合理的头脑风暴,让学生更好地融入课堂之中。例如,在讲解与音乐相关的内容时,教师可以对音乐类型进行头脑风暴,从而让学生们想象到Rap,folk music等类型。在这些音乐中,也可以让学生对比中西方音乐的不同,从而吸引学生学习的兴趣和积极性。

(2)预测与讨论。在阅读之前运用图式理论时,教师应该发挥学生推理的能力。学生通过对文本材料进行解读与推理,从而刺激自身的图式。还是以音乐为例,教师在讲授门基乐队成立的情况时,可以提出5W,从而帮助学生更好地预测文本信息,之后鼓励学生通过讨论预测具体的文本内容。

(3)运用多媒体资料。在文化导入阶段,教师应该善于运用多媒体资料,从而让学生更好地体验文化教学的特色。通过多媒体,学生可以更直观地感受语言知识,了解中西方语言文化的差异,刺激学生的图式,让学生在激活自身图式的基础上进行下一步内容图式的拓展。

2. 读中文化渗透——深化图式

在读中阶段,教师可以在这一阶段进行文化知识的渗透,进一步对学生的内容图式加以丰富,从而让学生更好地展开阅读。在阅读教学中,教师采用扫描、略读等策略帮助学生构建灵活的图式,促进学生激发头脑中与之相关的图式,从而便于学生更好地理解文章。在细读阶段,教师要帮助学生挖掘与语篇相关的文化内涵,扫除他们在正式阅读中的障碍。

首先,可以通过略读和扫描法,让学生大致了解文章的大意,从而获得文章的总体信息与思路,这是帮助学生建构相关内容图式的有效路径。扫描法是学生根据教师的指令,能够在文章中找到特定的信息。

其次,可以通过细读,根据上下文,让学生明确每一个单词的含义,尤其是那些具有文化内涵的词汇,从而丰富学生的内容图式。

### 3. 读后文化拓展——巩固图式

在读后阶段,主要是充分发挥学生头脑中的记忆功能。一般来说,读后的文化拓展的方法主要有如下几种。

第一种是辩论。教师可以针对文本材料中的相关内容,选取一些视角展开辩论,学生在辩论中对与文本相关的内容图式加以巩固。同时,通过辩论,学生也可以更好地理解文本的文化内涵与文化背景知识。

第二种是角色扮演。学生通过学习与文本相关的文化知识,从而丰富自身的文化内容。然后,学生带着角色有目的地重新阅读文本,教师引导学生对文本进行改编或者情景模拟,从而激发学生学习的兴趣和积极性,提高他们在真实语境下对文本综合运用的能力。

第三种是总结性写作。这一方式有助于学生加深对文本的理解,让学生将文化知识从短时记忆转向长时记忆。

第四种是课外阅读。除了课后巩固之外,教师还应该鼓励学生展开课外阅读。通过大量的课外阅读,学生可以提高学习的自主性,而且还能在阅读中不断丰富自身的内容图式。

## 四、写作教学及其实践

对于"语言生态学"视角描述写作能力,已有的相关研究探讨了不同语境下的生态写作。

Smit(2004)将社会语境下的写作界定为包括内容知识、通识知识、形式知识、条件或程序知识、特定任务知识及话语共同体知识等一系列知识的系统,指出不同类型写作任务的社会语境知识和能力要求不同,仅以写作文本句法和修辞来判断写作能力会掩盖写作的本质。

在 Smit 的基础上,Beaufort(2007)进一步明确写作能力包括话语共同体、写作过程知识、修辞知识、体裁知识和主题知识五个知识内容,特别强调话语共同体知识,认为好的作者可以在写作中分析和回应特定读者群体的价值和期望。在 Beaufort(2007)提出的观点的基础上,Slomp(2012)提出,元认知知识是应用各类知识的基础:分析元认知知识,是指学生构思写作和谋篇成文的理据,可以更好地描述其写作能力发展,写作档案袋评估模式中的反思日记便是学生展示元认知知识发展的一个途径。

Llosa et al. (2011)在开展写作能力发展性评估的过程中,也提出了生态写作构思,具体结合了系统—功能焦点、认知焦点及社会性视角。

国外已经在倡导从发展、多维的生态视角来描述英语写作能力,生态写作构思可以归纳为体裁与修辞知识、认知知识和社会文化知识三大模块。

## (一)写作教学的原则

### 1. 恰当性原则

英语写作教学的恰当性是指写作任务的设计应该恰当。具体来说,写作任务需要具备如下两点特征。

一是能够激发学生思想交流的需求,使学生有内容进行写作。

二是对于学生语言能力提升有帮助,如增加词汇量、学习新句型等。

这两点虽然是作者对写作方法的要求,但是也是对写作任务的设计要求。具体来说,如果教师要想设计出一个好的写作任务,那么就需要与学生的实际相符,让学生有充足的内容与经验展开写作。同时,还需要符合学生实际的语言能力,这样才能完成写作,将理论知识运用到具体的实践之中。

### 2. 多样性原则

英语写作教学中需要坚持多样性原则,主要体现在训练方式与表达方式上。

从训练方式上说,教师应该采用多样化的方式,如可以通过扩写、仿写等办法训练学生的写作能力,同时教师应该把握好每一种方法的优缺点,让学生在多种方法下掌握适合自己的方法。

从表达方式上说,教师应该引导学生在写作中运用多种表达方式,这样的写作才是灵活的写作。这不仅可以对学生写作中的问题加以弥补,还可以提升学生的灵活运用技巧。这样写出来的文章才更能引起读者的注意。

## （二）写作教学的方法

### 1. 对比教学法

英汉语言与文化在很多方面都存在差异,这些差异严重影响学生的写作。学生要想写出用词地道、语句流畅、逻辑连贯的文章,首先必须熟悉掌握英汉语言与文化之间的差异,对此教师就要引导学生深入了解这些差别,进行对比教学。

（1）语句层面的对比

在教学过程中,教师应指出学生写作中不符合英语表达习惯的语句,并可注明地道的英语表达方式,通过对比,使学生更清楚地看到差别,并在不断的修改过程中逐渐学会用英语进行思考与表达。例如:

肺炎是传染的。

中式英语表达方式:Pneumonia is contagious.

规范英语表达方式:Pneumonia is infectious.

按照英美人文化习惯,呼吸传染用 infectious,接触传染用 contagious。

（2）语篇层面的对比

语篇是语言的使用,是更为广泛的社会实践。教师应引导学生了解并思考英语文章是如何发展主题、组织段落、实现连贯的,以此来帮助学生对英语语篇结构有一个立体的、综合的认识。

### 2. 综合教学法

所谓综合教学法,是指将写与听、说、读几项基本英语技能相结合,使之相互作用提升学生的写作能力和培养学生的英语综合能力。

（1）听、写结合

听是语言输入性技能,可以为写作积累丰富的素材,加快写作的输出。具体教师可以采用边听边写和听后笔述或复述的方式开展教学。

边听边写可以是教师朗读,学生记录,也可以是播放录音,学生记录。听写的内容可以是课文内容,也可以是其他故事或内容。

听后笔述或复述是指教师以较慢的语速朗读或者录音播放听写材料,一般朗读或播放两至三遍,在这一过程中学生只听不写,在朗读或播放录音完毕后,教师要求学生凭借记忆进行笔述或复述。在笔述或复述时,学生不必拘泥于原文的词句,也不用全部写出或背诵出,只要总结出大意即可。这种方式能有效锻炼学生的语言组织和概括能力。

（2）说、写结合

说与写密切相关,说是写的基础,写与说相互贯通。以说带写,可以有效激发学生的写作兴趣,提高学生的写作能力,还能锻炼学生的口语表达能力。具体而言,教师可以采用改写对话和课堂讨论的方式开展教学。

（3）读、写结合

读与写的关系十分密切,通过阅读可以获取大量写作所需的素材,通过写作可以进一步巩固阅读能力。写作作为一种输出活动,是离不开语言知识的输入的,如果没有语言知识的积累,将不可能写出内容充实的文章。而阅读作为积累语言知识的重要途径,将能为写作奠定良好的基础。但学生的阅读需要教师的指导,因为很多学生都将理解文章内容作为阅读目的,而很少从中吸取有利的写作素材。对此,教师应引导学生体会作者遣词造句的技巧,并培养学生记笔记的良好习惯,从而使学生积累大量的有利于写作的语言知识。通过阅读,学生的阅读能力不仅会得到锻炼,写作水平也会显著提高。

总体而言,在大学英语教学中,要重视英语基础知识和技能的教学,并不断进行创新,从而提高教学的质量,培养学生的英语综合能力。

## 五、翻译教学及其实践

### （一）翻译教学的原则

#### 1. 精讲多练原则

精讲多练原则主要包含两个层面:精讲和多练。翻译教学如果仅从传统教学方法入手,先教授后练习,那么是很难塑造好的翻译人才的。因此,在翻译教学中,教师不仅要教授,还需要练习,在课堂上将二者完美结合。

#### 2. 实践性原则

翻译理论的教授很难培养出好的翻译人才,还需要进行翻译练习,这就是翻译的实践性原则。在翻译教学中,教师应该为学生创造更多的机会展开练习。例如,教师可以让学生去翻译公司实习,通过实践活动来进行体验。

## (二)翻译教学的方法

### 1. 扩大学生知识面

翻译是一项包含多领域的活动,如果对翻译的基础知识不了解,就很难明白文本的内容,也很难准确展开翻译。到目前为止,我国很多大学的英语翻译教学过多关注翻译基础知识,而忽视翻译能力培养,尤其是很少介绍文化方面的知识,这就导致学生遇到了与文化相关的翻译内容时往往手足无措,甚至会出现翻译错误。因此,在英语翻译教学中,应该渗透文化知识,扩大学生的知识面,培养学生对文化知识的理解与把握,帮助他们形成翻译能力。

### 2. 提高学生语言功底

翻译活动是一项复杂的活动,其需要学生具备双语知识。也就是说,英汉语言功底对于翻译人员都不可缺少。因此,在翻译教学中,教师不仅要教授学生英语语言知识,还需要培养学生的汉语表达能力,熟悉英汉语言国家的表达习惯,提升翻译质量。

### 3. 注重文化对比分析

由于教学环境的影响,英语文化的渗透还需要依赖翻译教学,其中文化对比分析是一种比较重要的方式。具体来说,在翻译教学中,教师不仅要讲解教材中的文化背景知识,还需要对文章中的中西文化进行对比与拓展,帮助学生在翻译内容时接受文化知识。另外,利用文化对比分析,学生能够建构完整的文化体系。

### 4. 重视归化与异化结合

在翻译策略选择上,归化策略与异化策略是两种重要的翻译策略。由于英汉语言的差异,翻译实践中如果仅依靠一种策略是很难完成全部翻译内容的,只有将二者结合起来,并进行灵活地处理,这样才能保证翻译出的文章更为完美①。

### 5. 媒体教学与课外活动相结合

为帮助学生更好地展开翻译,教师应该鼓励学生多学习一些英美原版作品,如教师可以引导学生多观看一些英美原版电影,从电影字幕出发教授学生翻译的技巧。另外,教师应该让学生在课外多收集一些生活风俗、文化背景方面的资料,在阅读与翻译中,学到更多的知识,从而为以后的翻译做铺垫。

# 第三节 大学英语文化教学及其实践

## 一、大学英语文化教学的原则

实施任何一种教学,都有着特定的准则。在语言文化融合教学的实施过程中,教师要根据文化的属性来制订相应的原则。具体来说,英语教学中实施语言文化融合教学应该遵循如下几项原则。

### (一)主体意识强化原则

基于全球化的浪潮,西方国家凭借自身的话语权,采用经济、文化等手段推行其生活方式或意识形态,对包括中国在内的其他文化产生了冲击,导致文化输入、输出出现了严重的失衡情况,也对其他民族的文化造成了严重的腐蚀。

对此,在实施文化教学中,教师必须引导学生对跨文化交际过程中的平等主体意识加以强化,减少学生对西方文化的盲从,增强学生对中国优秀传统文化的认知与了解,主动对中国传统的文化进行整理与挖掘,汲取文化中的精髓,将中国传统的优秀文化底蕴凸显出来,强调中国传统优秀文化在当今世界的价值。

---

① 赵莎莉,王晓明. 英语阅读教学研究[M]. 北京:中国纺织出版社,2018.

在文化教学中,教师要引导学生遵循"和而不同"的原则,既要对其他文化有清晰了解,又要既保持自身文化的特点,让学生能够向世界展现中国优秀文化的精髓。

在文化教学中,教师要不断培养学生的自信的气度与广阔的胸怀,让学生学会在平等竞争中,与其他国家互通有无,以多种形式将中国的传统优秀文化传播出去,不仅对西方文化霸权主义的侵蚀加以抵制,还能确保中国文化在世界文化中的地位和格局,从而促进世界文化的多元发展。

## (二)内容系统化原则

文化的内容非常丰富,其所包含的因素至今还没有一个定论,因此在实施文化教学时,教师不能一股脑地将所有文化内容纳入自己所讲授的内容之中。因此,我国的教育主管部门应该组织文化领域的专家、学者,从价值性、客观性、多元性等多个层面出发,对中国优秀传统文化的教学内容体系进行确立,具体包含中国的基本国情文化、社会主义核心价值观、民族文化、节日文化、生活文化等。

## (三)策略有效性原则

在实施文化教学时,教师应该采取有效的策略。具体来说,可以从如下两项入手。

一方面,教师要用宽容、平等的心态对中西方文化进行对比,通过对比来鉴别。这一策略就是将中国文化与其他文化进行比照,从而将中国文化与其他文化的异同揭示出来,避免将那些仅属于某一特定社会的习俗与价值当作人类普遍的行为规范与信仰。在运用这一策略教学时,教师应该对跨文化交际中存在的现实问题进行着眼,以共时对比作为重点,不会考虑褒贬,克服那些片面的文化定型,避免用表面形式对丰富的文化内涵进行取代。也就是说,教师应该引导学生透过现象看本质,通过理性、客观的态度,对不同文化的异同加以分析。

另一方面,教师要为学生提供充足的空间与机会,让学生感受到中国传统文化的魅力。通过体验,可以将课堂环境与社会环境结合起来,加强文化与社会、学生与社会等之间的关联性,使学生在英语教学情境下不断体验与感悟,从而帮助学生形成文化理解力、文化认知力。

## 二、大学英语文化教学的方法

### (一)为学生制作学习单

为了让学生运用自主学习模式,教师可以从具体的内容出发为学生设计学习单,帮助他们从教学大纲出发,展开自己的自主学习活动 。在设计学习单的时候,教师应该将学习内容、学习任务等列出来,学生在完成的过程中,要逐渐明确自己要学到什么,并发现了什么问题,从而实现知识的建构。

### (二)要求学生进行课外自主学习活动

教师应该将教学内容进行分解,将制作好的视频发布到网络上,引导学生制订出符合自己的学习计划。学生一方面可以利用学校提供的平台进行自主学习,另一方面还可以选择学习任务与内容。在选择时,学生应该从自身的知识情况出发,不仅要保证与自身需求相符合,还要保证自身对新知识能够吸收,实现新旧知识的融合和内化。

### (三)组织学生完成课内展示和谈论

学生完成了自主学习之后,教师在课堂上展开教学,当然不是教师主讲,而是教师指导学生展示学习成果,学生之间、师生之间针对学习情况进行探讨与交流。显然,教师不再是教学的主体,而是充当了指导者的角色。与此同时,学生也能够积极参与其中,成为主动的知识建构者。

当然,课堂教学的形式也多种多样,一方面可以为学生提供展现自我的机会,分享自己对文化知识的掌握情况;另一方面也为学生提供了交流的平台,彼此探讨中西方文化,使他们真正地理解与接受不同文化之间的差异。

# 第七章　跨文化交际语境下大学英语教学生态体系的模式

英语教学最早是在中国社会文化语言生态环境下生长起来的,因此以母语为汉语的学生以英语知识作为载体,以教师作为引导,在对英语语言文化理解的基础上,构建英语语言体系,提升学生的英语语言思维,促进学生形成全面发展的统一、动态的学习系统。在生态教育模式下,教学环境不仅包含课堂环境,还会涉及社会环境,但是课堂环境占据主导地位。本章来分析跨文化交际语境下大学英语教学生态体系的模式。

## 第一节　大学英语教学生态模式的内涵与特征

### 一、大学英语教学生态模式的内涵

英语教学是植根于中国社会文化语言生态环境之下,学生需要将英语语言知识作为载体,英语教师充当引导者的身份,帮助学生在对英语语言文化了解与接受的基础上,对语言概念体系加以构建,从而培养学生语言与思维"天人合一"的思维方式,促进他们形成和谐、统一、动态的交往模式。

英语生态教学模式下的教学环境不仅涉及课堂教学环境,还包含学校环境、社会语言学习环境等,但是课堂教学环境占据主要位置。

英语生态教学是集合整体性、系统性、动态性、协调性为一体的一种教学模式,其从多个视角对教师、学生、语言、语言环境的作用进行分析和研究,并探讨了这些层面对语言习得的影响。因此,采用突现理论对语言生成进行整体的认识,采用多维时空的流变性对语言学习过程进行研究,采用符担性对语言学习与环境之间的关系加以探讨,这样才能对英语生态教学与研究有着全面的认识,也才能更好地指导英语生态教学。下面就从这几个层面入手进行分析。

## (一)生态语言生成观——突现论

近些年,"突现"已经成为语言学研究、复杂性科学研究热点话题。美国圣菲研究所最著名的就是对复杂性科学的研究,在他们的研究中,他们提出:复杂性实际上就是一门与突现有关的科学。2006 年 12 月,国际权威期刊《应用语言学》(*Applied Linguistics*)出版了一个突现理论专刊,这就意味着这一理论开始进入语言学研究的范畴。但是,当前对于"突现"的概念还没有一个明确的解释[①]。

语言是一个复杂性、动态的系统突现出的特征的集合,语言学习是特征突现的表现。语言这一系统在人与世界的交往互动中生态地形成,并且其是一个在不同集合、不同层次、不同时间相互影响、相互作用、相互适应的复杂系统。其中不同的集合包含网络、个体、团体等,不同层次包含人的大脑、身体、神经等,不同时间包含新生、进化、发育等。

那么,语言是如何实现突现的呢?著名学者迈克温尼(B. Mac Whinney)指出,对于语言突现这一问题,现在的描述还不够完善,但是不得不说的是突现论已经对很多语言现象进行了分析和描述。例如,人的发音过程主要依靠喉头、舌头等多个器官的协同作用,同时成人发音会对儿童产生影响等,因此音系结构就是对声道的生理制约而突现出来的。

史密斯(Smith)通过自己的研究证明,儿童学习新词是经过一段时间的学习之后,采用某种特殊的学习机制学到的。之后,史密斯又进行了许多实验,其研究结果证实了,在语言学习的初期阶段,儿童遇到新词时往往是依靠瞎猜来理解词义,等到他们具备了一定的语言知识之后,他们往往会理性猜测,当儿童的猜测能力逐渐突现之后,他们就能使用语言框架对词汇加以准确的猜测。

---

① 刘梅,彭慧,仝丹.多元文化理念与英语教学研究[M].延吉:延边大学出版社,2018.

贝特和古德曼(E. Bates & J. C. Goodman)采用与史密斯同样的方式进行研究,他们发现儿童在对句法形式进行学习时,依然是在词汇学习过程中加以突现的,不过这一观点之后引起了质疑。

20世纪80年代,厄尔曼(J. L. Elman)和迈克温尼等学者提出语言学习突现论。这一理论提出,语言表达是人类大脑深入社会的各个层面而发生突现产生的。当人类在语言材料中出现时,简单的学习机制就会从感知、肌肉运动再到人类对语言材料的认知系统中展开。这就可以使得复杂语言表达得以突现。

## (二)生态语言学习过程观——多维时空的流变性

一般来说,空间包含长、宽、高三个维度,时间包含过去、现在和将来三个部分。对于空间维度,人们是非常熟悉和了解的,但是对于时间维度,还未引起人们的重视,因为人们常常使用自然时间对人文时间、心理时间进行遮蔽。实际上,无论是人文角度,还是心理角度,都能够体验到现在、过去和将来,也能够对三者的区别与联系加以确认。

如果离开了过去、现在和将来,那么时间流程和时间观念就没必要提及了。从人文时间中的历史时间来说,可以划分为古代、近代、现代、当代,有些人也将当代称为后现代,但是后现代并不是时间概念,而是一种价值取向。人文社会科学不仅涉及过去与现在,还会谈论到未来,如人类学、历史学等都是对人类文化、历史等的未来进行预测与预期,而新兴学科"未来学"更是以未来作为时间坐标。

就心理时间来说,现在往往与目前、当下、此刻等有着密切的关系,过去往往与回顾、回忆等心理活动有关,未来往往与期望、预测等心理活动有关。

普通语言学的研究一直都以时空语言研究为重点,但是自从索绪尔提出历时语言学与共时语言学之后,语言学对时空的理解都存在一定程度的偏差,因此有学者将时空观念引入语言学研究之中,便于人们从时间与空间视角对语言系统进行整体性理解。在时空观念之中,时间与空间被认为是概念的存在,而这一概念只能从语言系统整体性生态存在中获知与体现。

通过这一观念对语言加以认识,可以帮助人们追溯语言及其语言流变,进而将语言时空结构统摄下的语言特点揭示出来,以语言流变所展现的时空特征对其过程状态加以解析,从而理解与探析语言整体状态。

英语生态教学观从时空观的视角出发指出,语言学习在时间上的流变性较为明显,如现时语言学习模式必定是以前学习模式的复制与改造,同时对语言形成的经验与思维加以学习,构建以后语言学习的经验与思维。这样以后的心智结构投射能力必然是与当前的经验与思维相关。

## (三)生态语言学习者与环境关系观——符担性

著名心理学家吉布森(Gibson)在对环境与特定动物间的对应关系加以描述的时候,用 afford 一词作为例子进行分析。众所周知,afford 的含义是买得起、花费时间与金钱等,但是该词只能表达能力,而不能传达意愿。吉布森在对自然界中生物的知觉行为加以探索的过程中,发现动物与栖息环境的共存关系,当然这是从生态心理学角度出发考虑的,企图解释动物如何通过知觉判断供给他们生存的食物、环境与水源,并能够根据这种知觉判断采取一定的行动,实现真正的繁衍生息。

但是,对于环境与特定动物之间的特定关系,并没有专有的名词去阐释它,因此吉布森提出了"符担性"这一名词。之后,很多学者对符担性进行了研究和探讨。

故此,凡·里尔(V. Lier,2000)在他的一篇文章中指出,现代语言教学应该从对语言输入的强调转向对语言符担性的注重。因为从语言输入的理论考虑,语言仅被视作固定的语码,而学习仅仅被认为记忆的过程,从而将学习者对语言符担性的生态理解予以忽视。

韩礼德(M. A. K. Halliday)从语言习得视角出发指出,符担性的内涵即所谓的潜在意义。他指出,意义并不是在潜在行动中隐藏的,而是行动与行动者对环境的理解与感知的基础上突现出来的,这可以从图 7-1 中体现出来。

从图 7-1 中可知,可以这样定义符担性,即学习行为者从自身理解方式出发,对环境进行感觉,尤其是自然环境,其潜在意义在于使语言教学设计更为合理,使语言教学实施更具有针对性,使语言教学反馈更加及时,并对学生的发展进行审视提供参照。

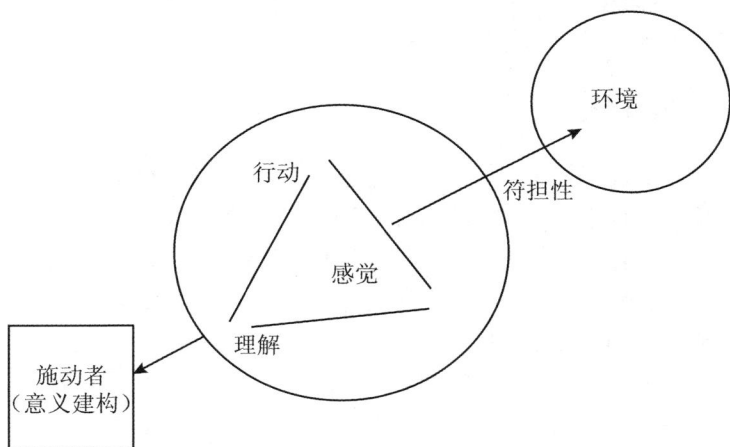

**图 7-1 符担性**

（资料来源：徐淑娟，2016）

## 二、大学英语教学生态模式的特征

在对传统教学模式批判的基础上形成的生态教学模式对语言学习中学生、语言与语言学习环境的关系以及它们对语言习得的作用进行了分析和研究，通过引入突现论、多维时空的流变性理论、符担性理论等，全方位地阐释了英语教学。因此，这一模式在布局上整体、全面地考虑了语言教学的语言、教师与学生、环境等各个要素的关系，并注重彼此之间的共生关系。这也就体现了英语教学生态模式的特征。

### （一）整体性

我们所说的存在于生态课堂之中的整体性特征，也就是将英语教学课堂当成了一处小范围拥有生态系统的环境，存在于生态型课堂中的每一个元素以及在它们当中的互相的作用及联系，用最大的能力去把每一个元素在生态环境中所处的位置调整到最佳，努力去削减限制性元素存在其中的量，从而减少限制性元素引起不良的反应，使得生态功能能够在英语课堂中发挥出它最好的效果。依照作为生态学基本视角之一的整体观所说的，存在于学生英语课堂当中的任意一个元素产生改变之后,都一定会引发一系列的相关反应,从而就会破坏课堂里那些本来拥有的生态的平衡状态,打乱课堂有规律的发展方式。

## (二)共生性

所谓共生性,是指英语生态课堂主体之间的相互联系和相互作用,共同生长。在校学生及任职教师担当学生生态型英语课堂中的主要组成部分,他们的共生性大致从以下几个方面体现。

首先是偏利共生关系,也就是说生态主体之间的相互作用,仅仅对一方有益处,然而不会对相对一方产生任何的作用。那些主要通过教师讲课授课的传统型课堂,非常容易产生这种名为偏利共生的共生关系。

其次是无关共生关系,也就是说生态主体之间互相作用于彼此,虽然不会产生好处,但也不会拥有坏处,出现这种现象的关键在于学生和学生之间、教师和学生之间缺少信息、能量和物质的交换。

最后是互利共生关系,也就是说元素之间的互相联系与作用都是向上的,可以使得双方相互促进成长,如教师和学生之间存在的教与学相辅相成的这种关系,还有学生和学生之间团结互助的合作关系。

因为这种关系可以帮助减少生态型课堂中的因内部纠葛而形成的无谓消耗,大大地提升教学在单位时间完成的工作量,因此格外受到学生生态型英语课堂的喜爱和重视①。

# 第二节　大学英语生态教学模式的操作步骤

无论是普通的英语教学,还是英语教学生态模式,其都需要遵循基本的程式,即确定目标、选择内容、选用方法与设计评价。本节就对这些具体的操作程式展开详细的分析和探讨。

## 一、确定生态化英语教学目标

语言是人们进行思维与交流的工具,语言的生成性与社会性区分了

---

① 徐坤银．大学英语生态课堂的本质与特征探析[J]．教育教学论坛,2016(18):236-237.

语言的符号系统与其他符号系统。语言具有社会性,要求每一位成员都能将语言视作一种任意符号,这就是语言的任意性,并能够用这一符号与其他人展开交际。语言具有生成性,即个体能够运用各种语言规则来产生无限的句子。从某一程度来说,语言的生成性包涵了语言学习的生成过程即学生语言发展的过程,其涉及生理机制的发展与人的思维的发展。对于语言的社会性,更深层次地将个体人转向社会人的必然性体现出来。

因此,英语教学生态模式的第二个目标即是确定学生的发展目标。从本体意义上说,学生的发展目标即学生在学习语言的过程中,对自身的语言智能加以完善,并以语言作为载体促进自身的文化发展,从而促进自身的世界观、人生观的全面发展。

## (一)学生语言智能发展

英语语言教学不仅让学生对英语语言、语法、文化有所了解,更重要的是促进学生语言能力的进步,即促进学生语言智能发展。

著名学者加德纳提出了语言智能、数理—逻辑智能这些概念,其中最重要的一种智能是语言智能,其指的是对词义、词序存在的一种敏感性。简单说,就是一个具备高语言智能的人能够使用语言对自己的意思进行传达,能够顺畅地与他人交流,能够很好地展开阅读与写作,具有庞大的词汇量,能够合理运用单词的一种手段与方式。

同时,具备高语言智能的人的说服能力也非常强,对于他们来讲,单词不仅用于传达意思,还可以用于绘画。一般来说,诗人就具备较高的语言智能,因为他们能够将语言牢牢抓住,从而用其来表达复杂的情感。多语言翻译家一般具有特殊的语言智能。小说家与记者的语言智能超强,那些从事广告文案、节目主持工作的人也是如此。政治家往往是用语言来影响受众,因此他们的语言智能也必然是非常强大的。

人类从出生就具有较高的语言智能,其位于我们大脑的一个称为"布罗卡区"的一个特定区域,负责生成与语法规则相符的句子。如果这一区域受到损害,他们可能会理解某些单词或者句子,但是很难用这些单词来组合成句。语言智能的组合元素涉及阅读、创作、听力、写作等部分。无论在哪一个专业,都离不开语言智能。如果一个人的语言智能非常发达,那么他对语言的学习、掌握等就能成为他的优势区域。因此,如果能够以科学的方式对学生的语言智能进行培育,让他们能够发挥自身语言智能的潜力,那么就会出现很多的律师、演说家、作家等。

## (二)学生文化观发展

随着英语教学不断进步与发展,英语教学生态模式认为英语教学不应该仅限于新课程标准中提到的"多维目标",而应该将语言教学推向"多元目标",即英语教育不仅囊括语言学习目标,还囊括社会文化目标等一些独立的目标。这些单独的目标也是非常重要的,并且这些目标不依附于其他目标,也不是其他目标的边缘地带。每一个目标都包含实质性的标准,不仅仅围绕语言运用来定义与辅助,还更加清晰地对英语教育功能进行定义,是对我国素质教育整体目标的有效落实,与我国当前的国情相符合。

英语教学生态模式下的"多元目标"主要包含五个部分,即对五个层面的重构。

第一,重构目标观。教师应该关注语言教学对于提升学生素质的重要作用,如帮助学生学会学习与生活,学会与他人展开交往,让学生具备批判性思维。

第二,重构情感观。这就是说在教学中应该设立社会文化目标,添加思维、情感、人际关系、生活态度等层面的内容。

第三,重构交流观。教师应该帮助学生认识到交流不仅限于与英语本族人展开交流,而应该与各国人展开交流。在交流过程中,学生要学会正确地表达自己、表达自己的文化,并对其他文化与思维方式有所了解与尊重。

第四,重构文化观。在实际的教学中,不应该仅仅将那些英语国家的流行文化视作主要内容,而应该选择能够将社会进步文化的内容反映出来的那些内容,即这些文化内容不仅有英语国家的文化,还有其他国家的文化。

第五,重构知识观。在英语教学中,应该考虑学生的年龄特点与思维特点,对社会文化知识目标加以设计,具体来说就是要求课程设计者、教材编写者应该考虑学生的接受程度,设定分段的目标。

## 二、选择生态化英语教学内容

### (一)语言知识的确定

在生态化英语教学模式下,英语教学内容的选择需要考虑具体的标准。

1. 整体性与关联性

作为交流英美文化与信息的重要载体,英语语言主要涉及社会科学、人文、自然科学等多方面的问题,因此从某种意义上说,英语课程是一项综合性课程。这就要求在教学中,教师应该将各种学科知识融入进去,展开整体性教学。

对于我国学生来说,英语是一门外语,学习一门外语与学习母语显然不同,学习外语需要基于对英异域文化理解的基础上,构建英语语言概念体系,培养学生全面发展的和谐、动态的互动交往活动。因此,英语语言知识的确定需要从客观规律出发,教材的编写、教学内容的选择应该基于国情,对国外先进的教学理念进行吸收,从考虑学生的认知特点,确定不同的教学内容。

另外,英语语言各个要素之间是相互关联的。在某种程度上,英语语言结构可以对某些功能进行表达,简单来说就是英语的某些功能需要依靠结构来体现。例如,学生学习语音知识可以提升他们的听说能力,学习语言学习策略可以提升他们语言表达的顺畅性,学习文化知识可以提升他们的语言表达能力。长期以来,我国的语言教学重视一点就忽视另一点,因此这就要求在生态化英语教学模式下,应该将知识学习、文化学习、策略学习等方面联合起来。

2. 基础性与交际性

英语语言知识非常丰富,任何人甚至花费多年的时间与精力都很难掌握全部,因此对语言知识选择的首要标准就是基础性,应该选择那些学生必备的知识与技能,这样便于学生在以后的学习中进行提升。

但是,英语是一种交际工具,因此除了具备基础性外,还需要考虑学生的实际需要。因为英语语言并不是词汇、语法堆积而成的,而是基于一定的语境选择恰当的语言,是一种活的语言。因此,英语语言知识内容的确定需要考虑交际性。

### 3. 时代性与规范性

英语语言知识包含了很多文化内容,这些文化内容在不断进步与发展,因此在生态化英语教学模式下,语言知识应该选择那些进步的、与时代相符的文化内容,这样才能对未来社会有重要意义。

语言并不是固定不变的,而是不断进步与发展的,社会的进步也会导致语言的变化。当然,在演变过程中,英语语言有其自身的规律,因此生态化英语教学模式下的英语课程内容选择应该反映语言的最新变化,选择那些规范的语言表达,这样才能与时代语言规范的蓝本相符合。

### 4. 趣味性与思想性

无论是英语语言学习,还是汉语语言学习,本身是一种枯燥的活动,尤其是英语语言学习是在汉语语言生态环境下学习的,就很容易让学生产生厌烦的情绪,因此在生态化英语教学模式下,教师应该选择那些学生感兴趣的内容,并将本堂课的重点知识融入进去,这样让学生逐渐体会到学习英语语言的快乐,必然有助于提升他们学习的积极性。

除了趣味性,英语语言知识的思想性也非常重要。语言是社会文化的载体,因此必然会对人类的社会生活进行反映,是组成社会文化意识形态的重要方面。这就要求在教材中,应将思想教育融入其中,让学生在学习知识的基础上学习他们的风土人情与文化习俗,但是要保持爱国主义与社会主义道德规范的熏陶。

## (二)文化知识的挑选

### 1. 熟悉中西方文化差异的表现

#### (1)价值观念差异

价值观是指人们对周围的客观事物的意义、重要性的总评价。人们对客观事物的主次、轻重、好坏的排序,构成了价值观体系。而价值观和文化是双向互动的关系,因此不同的文化促成了不同的价值观。以下就对中西价值观进行比较分析。

①金钱观念差异。《茶花女》中有这样一句名言："金钱是好仆人、坏主人。"是做金钱的主人，还是做金钱的奴隶，这实际上是反映了两种不同的金钱观。所谓金钱观，就是指对金钱的看法和态度。简单来说，就是认为金钱是重要的还是次要的。金钱是适应商品交换的需要而产生的，随着商品经济的高度发展而逐渐成为财富的象征。对于任何民族，日常生活都离不开金钱的流通，而对金钱的不同态度则反映了不同的价值取向。了解中西方不同的金钱观，对于了解中西方文化差异有着很大的帮助。

首先，中国的金钱观。在中国传统文化中，人们固然认为金钱十分重要，但并没有将金钱的获得作为成功的标志或者生命的必须，而是"身外之物"。中国有句俗语说的是金钱"生不带来死不带走"，实际上就是对金钱观的反映。在中国文化中，今天和地位并不等同，所以中国人对金钱的态度要豁达很多。究其根源，主要是因为中国千百年来受儒家思想的影响，向来重农抑商，以农为本，以商为末，有"为富不仁""无商不奸""见利忘义"的看法。读书人认为谈钱犹如斯文和清高，并且以不言"阿堵物"为高尚。"金钱如粪土，朋友值千金"，视钱财如粪土，重义轻利被认为是检验正人君子的标准，成为中华民族的传统美德。这种金钱观在语言上也有着鲜明的体现，如"君子爱财，取之有道""钱字有两戈，伤尽古今人"等。在当代社会，尤其是近些年来，随着社会经济的发展，人们对金钱的认识和态度发生了很大变化，追求财富成为人们生活的重要愿望和目标。与此同时，也出现了不少的现实社会问题，金钱成了衡量人能力的一个标准，在与金钱的博弈过程中，亲情、友情和爱情都败下阵来。这种拜金现象在语言中也有所体现，如"有钱能使鬼推磨""人为财死，鸟为食亡""一文钱难倒英雄汉"等。

社会主义核心价值观是中国特色社会主义的主流意识形态，是公民思想道德建设的核心，是学校德育工作的灵魂，是当代青年正确的价值取向，我们要正确引导广大青年学生树立社会主义核心价值观，大力践行社会主义核心价值观，发挥正能量，树立正确的世界观、人生观、价值观、金钱观。

其次，西方的金钱观。西方文化历来崇尚物质，西方人一向都是热情和大胆地追求物质利益，他们认为物质成就的获得代表着个人的成功，自我的实现首先是物质成就的实现，然后是其他层面的进步和满足。

但是西班牙人有着不同的金钱观,西班牙人认为人的生命是宝贵的,不要为钱去拼命,而应该尽情地享受人生,因此多数人对金钱的态度是,金钱可以使人有权有势,但不一定使人幸福。

②交际观念差异。观念是人们经过学习在头脑中形成的对事物、现象的主观印象。观念是通过对感官资料进行选择、组织并加以诠释的方式来认识世界的过程。

"Perception is the process of selecting, organizing and interpreting sensory data in a way that enables us to make sense of our world." (Gamble & Gamble, 1996)这个过程包括识别(identification)、阐释(interpretation)和评估(evaluation)三个阶段。

人们的已有经验对识别的结果会产生影响,而文化对阐释与评估会产生影响。"Perception is often affected by culture. The same principle causes people from different cultures to interpret the same event in different ways." (Adler & Rodman, 1994)例如,来自不同国家或者民族的人对个人信用的解释是不同的。对美国人来说,个人信用的主要指标是独立与能力、坦诚与直率、强势与自信、理性与果敢等会赢得尊重。而对中国人和日本人来说,个人信用的主要指标是社会地位、沉稳与含蓄、顺从与谦卑、仁爱与机敏等会赢得尊重。

思想观念往往是由社会教育(包括家庭教育和学校教育)逐步形成的人生观和价值观,属于意识形态的范畴。观念的产生与人们所生活的社会环境关系密切。人们观念的形成主要受到家庭环境和社会环境的影响,因此主要包括家庭观念(包括婚恋观念、亲情关系、家族观念等)和社会观念(包括时间观念、自我认同观念等)。

其一,宗教观念。世界上现存的主要有三大宗教,即基督教、伊斯兰教和佛教。基督教(包括天主教、东正教和新教)主要集中分布在欧洲、美洲和大洋洲的一些国家,其信徒被称为基督徒。据统计,在这些国家里,有80%以上的人是基督徒。基督教以"平等、博爱"为教义。伊斯兰教主要集中在东南亚、中亚、中东、非洲地区。信奉伊斯兰教的人被称为穆斯林(Muslim)。伊斯兰教以"顺从、和平"为教义。佛教主要集中在东亚地区,信仰佛教的人被称为佛教徒(俗称"和尚")。佛教以"善、缘"为教义。宗教观念影响人们的许多行为。

其二,家庭亲情观念。不同国家和不同民族的亲情观念不同。

受儒家思想影响的传统中国家庭,以血缘为纽带、以伦理为本位是家庭关系的突出特点。在中国封建社会里,由"父为子纲"确立的长幼秩序,由"夫为妻纲"确立的夫妇关系,由"三从四德"所确立的男女地位等,对建立、调节与维护中国传统家庭关系起到了重要作用。其中"孝道"是家庭伦理道德的本质与核心,是确立家庭伦理关系的基石。"夫孝,德之本也,教之所由生也。""身体发肤,受之父母,不敢毁伤,孝之始也。立身行道,扬名于后世,以显父母,孝之终也。"(《孝经》)

在中国传统宗族制的影响下,中国人形成了很强的家族观念。在中国,家族观念构成了复杂的亲属关系网。亲属有宗亲与姻亲之分,其中宗亲有嫡亲、堂亲与族亲之分,姻亲有姑亲、舅亲与姨亲之别。

受基督教影响的西方家庭,以"自我"为本位是家庭关系的突出特点。"奉上帝、疏亲友"的理念使得西方人家庭观念淡薄,血缘亲情让位于对上帝的崇敬。就亲属称谓来说,在中国文化中,亲属称谓是以父系血亲称谓为主干,以母系和妻系的姻亲称谓为补充的严谨而复杂的称谓系统,突出"长幼有序,内外有分"的特色。而在西方语言中,没有姻亲与血亲的区分,是以姓名称谓为主干,以血亲称谓为补充的简单而直接的亲属称谓体系。例如,在 *The Family Album USA*(《走遍美国》)中,儿媳 Marilyn 直接以名字来称呼她的公公 Philip 和婆婆 Ellen。

不同国家和不同民族对于亲情的表现方式也不同。从对孩子跌倒的态度上可以看出不同之处。比如,在北欧的一些国家里,如丹麦,父母会安慰跌倒的小孩;在瑞典,小孩跌倒了,父母马上研究如何预防此类事件的再次发生;在挪威,父母鼓励跌倒的小孩自己站起来,不要哭;在芬兰,父母对跌倒的小孩不闻不问,让他主动爬起来。

其三,社会观念的差异。社会观念是在一定的社会群体范围内长期形成并需要其群体成员共同遵循的观念。这种观念往往被作为群体范围内人们交际的言语和行为的评判标准,从而影响到群体内的每一个成员。这些观念主要包括时间观念、自我认同观念等。

自我认同观念是由自我身份认同、自我价值取向和自我价值的实现三大要素构成对自我的理解、态度和塑造的观念体系。中西方人的自我认同观念存在很大差异。

在中国传统文化中形成了"重名分、讲人伦"的伦理观念。而西方社会形成了"人为本、名为用"的价值观。这些差异具体体现在立身、处世等方面。

A. 中国人的自我认同观念

中国的传统文化长期受儒家"修身、齐家、治国、平天下"的道德价值观影响,形成了"万般皆下品,唯有读书高"的社会价值取向。受先秦时代"满招损,谦受益"的哲学思想的影响,汉民族具有含蓄深沉、崇尚谦虚的传统观念。

a. 中国人受传统思想的影响而形成了"卑己尊人"的礼让观念。"夫礼者,自卑而尊人。"(《礼记》)

首先是"厚礼"。"非礼勿言。"(《论语》)"礼者,贵贱有等,长幼有差,贫富轻重皆有称者也。"(《荀子·富国》)

其次是"重德"。儒家的仁学思想将个体人格的自我修养作为行仁义的先决条件,即"内圣"。佛教和道教崇尚"虚静""修身养性""谦虚自律"等。

最后是"谦恭"。"谦谦君子,卑以自牧也。"(《周易·象》)"满招损,谦受益。"(《尚书·大禹谟》)

中国人受这些传统礼教的影响,常常是通过"贬低自己、抬高别人"的办法来让对方肯定自我,赢得尊重,被西方学者称为无我文化。

b. 中国人受传统思想的影响而形成了"他人取向的自我是义务本位"的观念。

在中国传统文化中,个人是群体的分子,是所属社会关系的派生物。人们的群体利益优先于个人利益,个人利益依附于群体利益并通过群体利益来体现。自我的主体性、独立性、人格、地位常常被忽略或者剥夺,而以繁重的义务和责任的形式来体现。因此,中国人在处世方面首先考虑的是别人的感受和反应,注重顾全面子的"礼多人不怪""君子和而不同"的交际原则,通常以牺牲自身利益或者委屈自己为代价来迎合他人的心态和方式进行交际。

在人际交往中,中国人信奉"人情一线牵,日后好见面""礼尚往来""多个朋友多条路,大树底下好乘凉"的教条,努力将自我融入某个强势群体中,以免被"边缘化"。林语堂曾说,人情、面子、命运是支配中国人生活的三大女神。

B. 西方人的自我认同观念

以商业活动为经济基础的西方文化受功利主义伦理观影响,认为思想观念和现实世界之间存在着直接联系,形成了"个性张扬、求利至上"的社会价值取向。

a. 在西方社会里,受平等理念的影响形成了"自我中心、自我展示、自我实现"的观念。因而,在西方人的自我观念中,谦虚是一种病态,自卑是没有自信的表现,尊重来源于自信与平等。在英语中,只有一个单词永远是大写的,那就是"I"。

b. 在西方文化中,人们受"独立、人权"思想的影响形成了"自我中心的权利本位"观念。这一观念体现为自我取向,即以自我为中心的交际心态和准则。

在人际交往中体现为办事不讲情面,崇尚公平竞争,吃饭 AA 制,社交称谓以平等的姓名称谓为主等。例如,在美国的社会交往中,除教授、医生等少数职业外,不论职业、阶层、贵贱,一般都采用平等的姓名称谓。

观念是人们用以支配行为的主观意识。人类的行为都是受行为执行者的观念支配的,观念直接影响到行为的结果。文化的价值体系对跨文化交际产生重要的影响。

在文化交流中,观念可以影响人们的行为。有位朋友在英国学习期间,了解到欧洲人的告别方式存在差异,英国人是 kiss goodbye,而欧洲大陆的一些国家如法国、意大利等则是 embrace goodbye。在欧洲大陆的一些国家,人们不能接受 kiss,因为在他们的文化观念里,kiss 是只能在非常亲密的恋人或者夫妻之间才能进行的行为。

(2)思维模式差异

在英汉语言背景下,英汉民族所处的社会环境有所不同,人们的体验和经历也各有差异,因此看待世界的角度也不同,有着不同的思维模式,而这又进一步影响他们的社会体验和经历,也影响他们的语言发展。以下就对英汉思维模式进行比较分析。

①本体思维与客体思维。在中国文化中,道家和儒家的理论学与哲学思想占据着重要和主导地位,两家思想都提倡以人本位主体。在来看席慕蓉在《无怨的青春》中的诗句:"在年轻的时候如果你爱上了一个人,请你,请你一定要温柔地对待他。不管你们相爱的时间有多长或多短,若你们能始终温柔地相待那么,所有的时刻都将是一种无瑕的美丽。若不得不分离也要好好地说声再见也要在心里存着感谢,感谢他给了你一份记忆。"

上述文字都是以人为主语,以"你""你们"来泛指所有人,而且行文从人的角度出发,顾及人的感受,字里行间都透露出主体思维。

英语民族的思维趋向客观的大自然和外部环境,主张通过人类的智慧和能力来征服自然和改造自然，并受这一思想的长期影响下，形成了以客观世界为观察、分析、推理和研究中心的思维方式。这种思维方式通过语言就能发现其身影，如英语中常用物称表达法，既不用人称来叙述，而是通过事物以客观的口气来叙述，并且常使用被动句。例如，英美人在接电话说"是我"时，常用"It's him/he."来表达；在交谈中询问对方近况时，常用"Is everything ok with you?""What is up?"不直接加以询问，而是对对方周围的事情进行询问。再如：

The unpleasant noise must be immediately put an end to.

必须立即终止这种讨厌的噪音。

上述句子原文并没有用人称作主语，而是把感受到的事物作为主语在进行叙述。

上述这些例子都说明英语中常用物作主语，行文的客体性特征多于主体性特征，也反映了英民族偏重客体的思维方式。

②具体思维与抽象思维。汉语民族侧重具体思维，人们在说明问题和描述事物时习惯用形象和比喻法，具有"尚象"的特征。这种思维对语言的影响是，汉语用词具体，习惯以具体的概念来表达抽象的事物，而且句中常会出现多个动词连用的情况，读起来生动形象。例如：

去年今日此门中，人面桃花相映红。

人面不知何处去，桃花依旧笑春风。

（崔护《题都城南庄》）

上述诗句用词简单，语言简朴，形象具体，用意清晰明了。作者用了"人面""桃花"等具体义项，表达了对旧日美人的缅怀之情。类似这种的用具体名词或贴近生活的词语来表达抽象内容和情感的方式在汉语中十分常见。

英语民族侧重抽象思维，常用大量抽象的概念来表达具体的事物，反映事物内在的情况和发展规律，注重逻辑与形式的论证，具有"尚思"的特征。在语言的使用中，就表现为惯于用抽象的名词来表达复杂的理性事物。

（3）时空观念差异

各个文化就像拥有自己的语言一样，拥有自己的"时间语言"和"空间语言"，因历史文化、风俗习惯、思维方式的不同，英汉民族的时间观念和空间观念有着显著的不同。下面将对英汉时空观念进行比较分析。

①英汉时间观念比较。不同文化群体的时间观念存在差异。

多向时间制的中国人支配时间比较随意,灵活性强,重点是关注过去,因此中国人往往具有由远而近、由大而小、由先而后的聚拢型归纳式思维方式。在西方世界中人们的时间观念很强,其时间的概念是直线式的,即将过去、现在和将来分得很清楚,且重点关注的是将来,因此西方人往往具有由近而远、由小而大、由后而先的发散型演绎式思维方式。例如,中国人记录时间的顺序是"年、月、日",而西方人记录时间的顺序是"日、月、年"或者是"月、日、年"。

霍尔根据人们利用时间的不同方式,提出一元时间制(mono-chronic time system,亦译为"单向时间制")和多元时间制(poly-chronic time system,亦译为"多向时间制")两大系统。

一元时间制的特征:长计划,短安排,一次只做一件事,已定日程不轻易改变。一元时间制是工业化的必然产物,一般分布在工业化程度较高的地区。富有效率,但有时显得过于呆板,缺少灵活性。

多元时间制的特征:没有严格的计划性,一次可做多件事,讲究水到渠成。多元时间制是传统农业社会的产物,一般分布在工业化程度较低的地区,虽有人情味,容易对人、对事进行变通(如走后门),但也给人们带来不少烦恼。

德国人都会科学而合理地安排时间,以提高效率。比如,德国人开会,事先都会安排好具体时间及开会议程,一般主持人在会议开始时就告知大家会议所需要的时间,并且在计划和规定的时间内完成相关事项,绝不拖延。

例如,在电视剧《大染坊》中有一个情节:宏钳染厂的老板雇了几个德国技工,这几个技工每天早晨八点准时来上班,到下午五点准时下班。有一次,在一个夏天的下午,老板看见这几个技工五点下班,但天上的太阳还很高,于是就问他们:"怎么这么早就下班了?太阳还没下山呢!"老板得到的回答:"下班的时间到了,已经五点了。"老板告诉他们,在中国,人们的工作习惯是要等到天黑才能下班。后来有一天暴雨将至,天色暗沉下来,于是几个技工便收拾工具要下班。老板看见就问他们原因,得到的回答:"你上次说,天黑了下班,现在天黑了,所以我们下班了。"老板无奈地笑了笑。

②英汉空间观念比较。空间观念是指人们在历史发展过程中所形成的、与交际距离以及空间距离有关的一种约定俗成的规则,还包括人

们在交往过程中所具有的领地意识。由于历史文化背景的不同,英汉民族的空间观念有着显著的差异,具体体现在以下两个方面。

①区域概念比较。美国文化人类学家霍尔教授提出了四个区域概念,即亲密区域、个人区域、社交区域和公共区域。下面对中西方的区域概念进行比较分析。

其一,亲密区域。中西方的亲密区域明显存在差异。以握手为例进行分析。西方人在与他人进行握手时一般会距离比较远,甚至到了难以让中国人接受的地步。有时候中国人在与西方人握手的时候,往往会走近一些,但是这会让西方人认为侵犯了他们的亲密区域。因为在西方人看来,这种亲密区域仅仅允许自己至亲的人接触,如父母、配偶、子女等。在他们的亲密区域中,他们可以交谈,可以进行肢体接触。然而,除了这些至亲的人,其他人都会选择后退,甚至后退到自己可以接受的距离。

对于这样的举动,中国人大多认为这是不友好的表现,甚至是冷落人的表现。这就体现了中西方在亲密区域认同上的差异。具体来说,在西方国家,如果有局外人走进了 45 cm 的距离,即便处于公共场合,也会被认为是对对方的侵扰行为。但是,中国人不存在这一说法,他们认为在公共场合,无论是亲密的人还是陌生人,都是公开的。

其二,个人区域。每个人都存在一个无形的空间范畴,并且这一范畴是自身与他人保持距离的范畴和区域。在某些特定的场合,当有些人将自己的这一空间范畴破坏后,会让人感觉到厌烦和恼怒。尤其这一点在西方国家表现得尤为明显。也就是说,个人的空间范围会因为民族的不同、习俗的差异而产生差异。

空间范围圈的大小很难形成一成不变的概念,其会受到不同文化的影响和制约。即便处于同一国家,这一空间范畴也会因为场合的不同而不同。

例如,当一个日本人与一个美国人进行交谈的时候,两个人往往会绕着屋子走。为什么会出现这种情况呢?这是因为美国人为了保持一定的距离会不断向后撤退,日本人则因为自身的观念而不断向对方靠近,显然他们都是为了保证自己观念下的舒适的距离。一般情况下,日本人的个人区域是 20 cm,而美国人的个人区域是 45 cm,日本人向美国人的靠近实际上是侵犯了美国人的个人区域,这是很难被美国人接受的。在美国人眼中,交际距离保持在 50 cm 是最恰当的距离,并且这一距离适合在酒会、聚会中出现。

在交际过程中,中国人在个人区域上会把握一臂的距离。与中国人、英美人相比,日本人、阿拉伯人、非洲人等的这种距离要小很多,而德国人、瑞典人等的距离会更大。

其三,社交区域。在西方国家,偶然相识的朋友或者不熟悉的人,人们的身体不互相接触,并且会保持相当的距离,这一距离大致在 120～360 cm。在这些人之间,基本不会涉及隐私问题,所交谈的话题也不会涉及具体人,当其他人介入时也不会被认为是侵扰。

在类似的活动中,中国人的体距一般都不到西方人体距的一半。他们可以只间隔一张桌子的距离,即可以处理自己的事情。在跨文化交往过程中,人们也不期望与他人保持过近的距离,也往往希望距离大一些。但是,这并不能消除区域概念差异上交错重叠的干扰。这些干扰有时候会给人造成困难。中国人认为不那么神秘的事情往往会被西方人认为很神秘,中国人也会认为西方人与他们的体距过大,使人感觉到不友善。

其四,公共区域。在较大的公共场所,人们相互之间所保持的公共区域间距一般大于 360 cm。中国人需要注意的是,在英语环境中,即使多达 3 m 的距离也不一定使是西方人失去自我感。在跨文化交际中,人们常会采用不同的妥协方法做出微小的调整,以免产生造成误会,保证交际的有效进行。

②领地概念比较。

其一,个人物品领地。在中国人眼中,衣服属于体外之物,与自身的关系并不是十分密切,人们不仅会评价他人的衣物,还会对他人的衣物进行触碰,并且询问价格以及购买的地址等。

中国人的这种观念恰好触碰到了西方人的禁忌。在西方人眼中,服饰属于个人的所有物品,可以用于送人,但是不能与他人共有,人们将自身的服饰看作自己的一部分,因此服饰成为个人领地的一部分。

相比较来说,西方人对于个人物品的处置权也是非常看重的,他们认为他人是不得触碰自己的个人物品的。当然,他们会赞赏或者评价他人的个人物品,但是不会去触碰。有时候,如果西方人忍不住触碰到他人的个人物品时,一定要保持严谨的态度,且这种触碰仅仅出现在比较亲密的人之间。

其二,家庭领地。在中国,人们对家庭领地的概念并不十分强烈,范围也不是非常固定的,只在一些局部或者某一物件上体现出来。例如,男子的工具箱、钓鱼工具等,女子的厨房用具等。总之,中国的家庭领地界限并不十分鲜明。

相比之下,西方的女子将厨房等视作自己的个人领地,男子将书房、地下室等视作自己的领地。这些领地是他人不可以侵犯的。此外,家庭领地还包括夫妻卧室、个人喜欢的家具等。

其三,办公室领地。中国人对待事物领属范围的表现,给西方人的印象是漫不经心、易侵犯他人和缺乏礼貌。西方人给中国人的印象则是无感情、冷漠疏远。

在西方国家的办公室内,办公桌上的个人物品、办公椅等,未经允许,绝不允许他人随意翻动。在相同的情况下,中国人虽然也会很不愉快,但不会像西方人表现得那么强烈。

其四,教室领地。从学校教室中座位的排放可以看出中西方领地观念的区别。在中国,中小学校习惯于排座位,当座位排好后,一般不会改变,因此客观上来讲座位领域就成了学生相对固定的个人领域。学生一般都会维护自己的这一领地。

但在西方国家,学生对座位的占用圈一般也只有一节课的时间,很少长时间不变。这是因为西方国家的学校不排座位,在每次上次时,学生可以自由入座,没有固定的领地。不过有些学生也会总是去坐自己常坐的位置,一旦该位置被别人占用,也会感到不愉快,但几乎不会去争抢这块临时领地。

(4)教育观念差异

在教育观念上,中西方存在明显的不同。

①灌输教育与尝试教育。

首先,中国的灌输教育。以前,中国的教育方式多为灌输教育,这种教学方式就是将教师自身的经验直接传达给学生,然后让学生基于这些成功的经验进行学习与训练,以此对知识进行掌握。当然不得不说,这种教育方式的结果就是学生很难跳出这些固有的经验,导致极大地限制了学生思维的发展,也很难形成自身的创造性思维。

其次,西方的尝试教育。相比之下,西方的教育方式是一种尝试教育,即让学生自己去尝试构建自己的经验,通过自己的经验来发现自身学习中的问题,然后通过对这些问题进行解决来积累成功的经验。随着学生经验的不断积累,学生会不断形成并建立自己的研究成果,并且研究成果会不断增多,学生的自信心也会不断增强。

②接受型学习与个性化学习。

首先,中国的学习方式多为接受型学习。当前,我国的教育模式比较陈旧落后,教学方式比较单一,教师教学的任务就是将备课内容传输给学生,而学生的任务就是全盘接受。在课堂上,教师往往以提问的方式考查学生,课下为学生布置作业以便于学生进行复习,学生也往往是机械地记忆,认知能力、动手能力都很差。这种教学方式下的学生往往多为考试型选手,但是很难真正成为一名综合素质的合格人才。

其次,西方的学习方式多为个性化学习。与中国的灌输式教学相比,美国的教育对于学生的个性化发展是非常推崇的,校园文化也更加注重实用主义与以自我为中心。美国的校园为学生提供了充足的自由空间,如弹性学制就是一个很好的表现,这可以让学生对自己的学习方式进行自主选择,对自己的生活进行自主调配。

另外,教师和学生往往是一种平等的关系,课堂氛围是非常愉悦的。同时,教师所采用的教学方式多种多样,如个案讨论、辩论赛等,学生在参与时会受到教师的鼓励和帮助。

### 2. 培养跨文化交际能力

跨文化交际的过程是一个信息编码与解码的过程。这一过程是非常复杂的,同时会受到多种因素的影响和制约。其主要包含两大因素,一是言语交际因素,另外一个是非言语交际因素。下面就来分析和探讨这两大因素。

（1）言语交际

语言是人们进行交际的重要因素之一。语言跨越了人们的心理、社会等层面,与之相关的领域也很多。对语言进行研究不仅是语言学的任务,也是心理学、社会学等学科的任务和内容。因此,语言与交际关系的研究具有明显的跨学科性。

人具有很多特征,如可以制作工具、可以直立行走、具有灵巧的双手等,但是最能够将人的本质特征反映出来的是人的语言。人之外的动物也可以通过各种符号来进行信息的传递,如海豚、蜜蜂等都可以传递信息,但是他们所传递的信息只能表达简单的意义,他们的"语言"是不具备语法规则的,也不具有语用的规则。

人们往往通过语言对外部世界进行认识与理解。语言具有分类的功能,通过分类,人们可以对事物有清晰地了解与把握。人们的词汇量越丰富，他们对外部世界的认识就越清晰、越精细。

在对跨文化交际影响的多个因素中，语言作为文化的重要表现，是跨文化交际的一大障碍。从萨丕尔—沃尔夫（Sapir-Whorf）假设中我们不难发现，语言是人们对社会现实进行理解的向导，对人们的感知和思维有着重要的影响。无论是何种语言，都有其独特的语音、词汇、语法、语言风格等。对一门外语进行学习，对其语言习惯与交际行为的了解有着十分重要的意义。

①言语调节。语言并不是一个简单的交流工具，语言不仅是文化的载体，它还是个人和群体特征的表现与象征。一般来说，能否说该群体的语言是判断这个人是否属于该群体的标志。同样，某些人都说同一语言或者同一方言，那么就可以很自然地认为他们都源自同样一种文化，他们在交流时也会使用该群体文化下的行为规范、价值观念、交际风格，因此也会让彼此感到非常的轻松。正因为所说的语言体现出发话人的身份，而且人们习惯于与说自己语言的人进行交流，因此学外语的热潮无论在国内还是国外都很高，人们都想得到更多群体的认同。不仅如此，语言还标志着一个民族的文化独立与主权，其对于一个国家、民族而言是非常重要的。统一的语言是民族、群体间的黏合剂，其有助于促进民族的团结。更为有趣的一点是，人们对其他民族语言如此崇尚，往往会产生爱屋及乌的想法，对说这种语言的外国人会不自觉地流露出亲近与欣喜之情。

语言具有的这种个人身份与凝聚力预示着言语调节的必然性。所谓言语调节，又可以称为"交际调节"，即人们出于某种动机，对自己的言语与非言语行为进行调整，以求与交际对象建构所期望的社会距离。一般而言，发话人为了适应交际对象的接受能力，往往会迎合交际对象的需要与特点，对自己的停顿、语速、语音等进行稍微调整。

常见的言语调节有妈妈言语、教师言语等，就是妈妈、教师等为了适应孩子或者学生的认知与知识水平而形成的一种简化语言。这属于一种趋同调节的现象，有助于更好地进行交流，达到更好的交流效果。当然，与趋同调节相对，还存在趋异调节，其主要目的是维持自己文化的鲜明特征与自尊，对自己的言语与非语言行为不做任何的调整，甚至夸大与交际对象的行为，这种现象的产生正是由于语言作为文化独立象征以及个人身份而造成的。或者说，趋异调节的产生可能是因为发话人不喜欢交际对象，或者为了让对方感受未经雕饰或者原汁原味的语言。总之,无论是趋同调节,还是趋异调节,都彰显了发话人希望得到交际对象的认同,通过趋同调节,我们希望更好地接近对方;通过趋异调节,我们希望能够保持一定的距离。因此,理想的做法应该做到二者的结合,不仅要体现出自己向往与对方进行交际的愿望,还要保证一种健康的群体认同感。

需要指出的是,在影响言语调节的多个因素中,民族语言活力有着非常重要的影响作用。所谓民族语言活力,即某一语言的社会经济地位,以及说这种语言的人数与分布情况等。如果一种语言的活力大,那么对社会的影响力也较大,具有较广的普及率,政府与教育机构也会大力支持,人们也会更加青睐。这是因为人们会将说这种语言的人与语言本身的活力相关联,认为这些人会具有较高的声望,所以愿意被这样的群体接受与认同。

在跨文化交际中,言语调节理论证明了跨文化交际与其他交际一样,不仅是为了交流信息与意义,更是一个个人身份协商与社会交往的过程。来自不同文化的交际双方在使用中介语进行交流时,还需要注意彼此的文化身份与语言水平,进行恰当的调节。

②交际风格。在言语交际中,交际风格是非常重要的层面。著名学者威廉·古迪孔斯特和斯特拉·廷图米(William Gudykunst & Stella Ting-Toomey)论述了四种不同的交际风格,即直接与间接的交际风格、详尽与简洁的交际风格、以个人为中心与以语境为中心的交际风格、情感型与工具型的交际风格。

第一,在表达意图、意思、欲望等的时候,有人会开门见山,有人却拐弯抹角;有人直截了当,有人却委婉含蓄。美国文化更注重精确,美国英语的运用在很大程度上与这一点相符。从词汇程度上来说,美国人常使用 certainly,absolutely 等这样意义明确的词汇。从语法、句法上来说,英语句子一般要求主谓宾齐全,结构要求完整,并且使用很多现实语法规则与虚拟语法规则。从篇章结构上来说,美国英语往往包含三部分:导言、主体与结论,每一段具有明确的中心思想,第一句往往是全段的主题句,使用连词进行连接,保证语义的连贯。与之相对的是中国、日本的语言,常用"可能""或许""大概"这些词,篇章结构较为松散,但是汉语中往往形散神不散,给人回味无穷的韵味。

英汉语言的差异,加上受个人主义与集体主义的影响,导致了英美人与中国人交际风格的差异。中国文化强调和谐性与一致性,因此在传达情感与态度以及对他人进行评论与批评时,往往比较委婉,喜欢通过暗示的手法来传达,这样为了避免难堪。如果交际双方都是中国人,双方就会理解,但是如果交际对象为英美人,就会让对方感到误解。因此,从英美人的价值观标准上来说,坦率表达思想是诚实的表现,他们习惯明确地告知对方自己的想法,因此直接与间接的交际风格会出现碰撞。

第二,不同的交际风格有量的区别,即在交流时应该是言简意赅,还是详细具体,或者是介于二者间的交际风格。威廉·古迪孔斯特和斯特拉·廷图米在对其他学者的研究结果进行研究的基础上指出,中东的很多国家都属于详尽的交际风格,北欧和美国基本上属于不多不少的交际风格,中国、日本等亚洲国家属于简洁的交际风格。这是因为阿拉伯语言本身具有夸张的特点,这使得阿拉伯人在交际中往往会使用夸张的语言来表达思想和决心。例如,客人在表达吃饱的时候,往往会多次重复"不能再吃了",并夹杂着"向上帝发誓"的话语,而主人对 no 的理解也不是停留在表面,而是认为是同意。中国、日本作为简洁交际风格的代表,主要体现在对沉默、委婉的理解上。中国人认为"沉默是金",并认为说话的多少同地位有着密切的关系。一般来说,中国的父母、教师属于说教者,子女、学生属于听话人。美国文化中反对交际中的等级制,主张平等,因此子女与父母、学生与教师都享有平等的表达思想的机会。

第三,威廉·古迪孔斯特和斯特拉·廷图米提出了以个人为中心与以语境为中心的交际风格。以个人为中心的交际风格是采用一些语言手段,对个体身份加以强化;以语境为中心的交际风格是运用语言手段,对角色身份进行强化。这两种交际风格的差别在于,以语境为中心的交际风格是运用语言将社会等级顺序进行反映,将这种不对等的角色地位加以彰显;以个人为中心的交际风格是运用语言将平等的社会秩序加以反映,对对等的角色关系加以彰显。同样,在日语中,存在着很多的敬语和礼节,针对不同的交际对象、交际场合、角色关系等,会使用不同的词汇、句型,并且人际交往也非常正式。如果是在一个非正式的场合,日本人往往会觉得不自在,在他们看来,语言运用必然与交际双方的角色有着密切的关系。与中国、日本的文化存在鲜明对照的是英语,英美文化推崇直率、平等与非正式,因此他们在使用语言进行交际时往往使用那些非正式的称呼或者敬语,这种交际风格表达是美国文化对民主自由的推崇。

第四,中西方交际风格的差异还体现在情感型与工具型的区别上。

情感型的交际风格是以信息接收者作为导向,要求接收者具备一定的本能,对信息发出者的意图要善于猜测与领会,要能够明白发话人的弦外之音。另外,发话人在信息发送的过程中,要观察交际对方的反应,及时地改变自己的发话方式与内容。因此,这样的言语交际基本上是发话人与听话人之间信息与交际关系的协商过程。相比之下,工具型的交际风格是以信息发出者作为导向,根据明确的言语交际来实现交际的目标,发话人明确地阐释自己的意图,听话人就很容易理解发话人的言外之意,因此与情感型的交际风格相比,听话人的负担要轻很多。可见,工具型的交际风格是一种较为实用的交际风格。

显然,上述几种交际风格是相互关联与渗透的,它们是基于不同的文化价值观建立起来的,其中影响力最大的是集体主义与个人主义的差异,其在社会的各个领域都得以贯穿,并从很大程度上决定中西方文化的不同。

（2）非言语交际

言语交际是通过言语行为来展开交际的,而非言语交际是通过非言语交际行为展开交际的。非言语交际是言语交际的一种辅助手法,是往往被人们忽视的手法。但是,非言语交际在英汉交际中起着十分重要的作用,甚至有助于实现言语交际无法实现的效果。非言语交际包含多个层面,如体态语、副语言、客体语等。

对于非言语交际行为,中外学者下了不少的定义,有的定义比较简单,如将非言语交际定义为不通过语言来传递信息。有的定义比较具体,如非言语交际是不用言辞进行表达,被社会共知的人的行动与属性。这些行动和属性是由发出者有目的地发出或被看成有目的地发出、由接收者有意识地接受的过程,或者有可能地进行反馈,或者非言语交际行为是在一定的环境下,那些语言因素外对发出者与接收者有价值的其他因素。这些因素可以是人为形成的,也可以是由于环境形成的。

对于非言语交际的范围,分类的方式有多种,一般来说主要包含如下几类。

①体态语。体态语又可以称为"身体语言",其由美国著名的心理学家伯得惠斯特尔（Birdwhistell）提出。在伯得惠斯特尔看来,他认为身体各部分的器官运动、自身的动作都可以将感情态度传达出去,这些身体机能所传达的意义往往是语言不能传达的。体态语包含身势、姿势等基本姿态,微笑、握手等基本礼节动作,眼神、面部动作等人体部分动

作等。

所谓体态语,即传递交际信息的动作与表情。也可以理解为,除了正式的身体语言之外,人体任何一个部位都能传达情感的一种表现。由于人体可以做出很多复杂的动作与姿势,因此体态语的分类是非常复杂的。

体态语包括眼睛动作、面部笑容、手势、腿部姿势等。

眼睛是人类重要的器官,其是表情达意的重要组成部分,如愤怒时往往"横眉立目",恋爱时往往"含情脉脉"等。在不同的情况下,眼睛也反映出一个人不同的心态。当一个人眼神闪烁时,他往往是犹豫不决的;当一个人白别人一眼时,他往往是非常反感的;当一个人瞪着他人时,他往往是非常愤怒的等。之所以眼睛会有这么多的功能,主要是因为瞳孔的存在。一些学者认为,瞳孔放大与收缩,不仅与光感有关,还与个体的心理活动有着密切的关系。当人们看到喜欢的东西或者感兴趣的事物时,他们的瞳孔一般会放大;当人们看到讨厌的东西或者不感兴趣的事物时,他们的瞳孔一般会缩小。瞳孔的改变会无意识地将人的心理变化反映出来,因此眼睛是人类思维的投影仪。既然眼睛有这么大的功能,学会读懂眼语是非常重要的,同时要注意不要读错。例如,到他人家做客,最好不要左顾右盼,这样会让人觉得心不在焉,甚至心术不正。需要指出的是,受民族与文化的影响,人们用眼睛来表达意思的习惯并不完全一样。

笑在人的一生中非常重要。当人不小心撞到他人时,笑一笑会表达一种歉意;当向他人表达祝贺时,笑一笑更显得真挚;当与他人第一次见面,笑一笑会缩短彼此的距离。可见,笑是人类表情达意不可或缺的语言之一。笑可以划分为多种,有大笑、狂笑、微笑、冷笑,也有轻蔑地笑、自嘲地笑、高兴地笑、阴险地笑等。当然,笑也分真假,真笑的表现一般有两点:一种是嘴唇迅速咧开,一种是在笑的间隔中会闭一下眼睛。当然,如果笑的时间过长,嘴巴开得缓慢,或者眼睛闭的时间较长,会让人觉得这样的笑容缺乏诚意,显得非常虚假和做作。当然,笑也有一些"信号"。其一,突然中止地笑。如果笑容突然中止,往往有着警告和拒绝的意思。这种笑会让人觉得不安,会希望对方尽快结束话题。但是,如果一个人刚开始有笑意,之后突然板着脸,这说明他比较有心机,是那种难缠的人。其二,爽朗地笑。这是一种真诚的笑,给人一种好心情的笑,一般会露出牙齿、发出声音,这种笑会让对方觉得你是一个很好相处的人,很容易信任与亲近你。其三,见面开口笑。这种笑是人们日常常见的,指脸上挂着微笑,具有微笑的色彩,这种微笑具有礼节性,可以使人感到和蔼可亲。无论是见到长辈、小辈,还是上级、下属,这种笑都是最为恰当的笑。但需要指出的一点是,在笑的过程中要更为谨慎,其不是一见面就哈哈大笑,这会让人感觉莫名其妙,它是一种谨慎的、收敛的笑。其四,掩嘴而笑。这种笑是指用手帕、手等遮住嘴的笑。这种笑常见于女性,显得较为优雅,能够将女性的魅力彰显出来。另外,由于文化背景的差异,不同国家的人对笑的礼仪也存在差异。在大多数国家,笑代表一种友好,但是在沙特阿拉伯的某一少数民族,笑是一种不友好的表现,甚至是侮辱人的表现,往往会受到惩罚。

手是人体的重要部分,在表达情意的层面作用非凡。大约在人类创造了有声语言,手势也就诞生了。手是人们传递情感的行之有效的工具之一。一般情况下,手势可以传达的意思有很多,高兴的时候可能手舞足蹈,紧张的时候可能手忙脚乱等。当一个人挥动手臂时,往往是表达告别之意,当一个人挥动拳头时,往往是表达威胁之意。而握手这样一个日常生活中普遍的动作,也能够将一个人的个性表达出来。第一种类型是大力士型,其在与他人握手时是非常用力的,这类人往往愿意用体力来标榜自己,性格比较鲁莽。第二种类型是保守型,这类人在与他人握手时往往手臂伸得不长,这类人性格较为保守,遇到事情时往往容易犹豫。第三种类型是懒散型,这类人与他人握手时,一般指头软弱无力,这类人的性格比较悲观懒散。第四种类型是敷衍型,这类人与他人握手是为了例行公事,仅仅将手指头伸给对方,给人一种不可信赖的感觉,这类人做事往往比较草率。还有一种是标准的握手方式,即与他人握手时能把握好力度,自然坦诚,不流露出任何矫揉造作之嫌。

在舞会、晚会、客厅等场合,人们往往会有抖腿、别腿等腿部动作,这些动作虽然没有意义,但是他们在传达某种信息。因此,腿在人们的表情达意过程中有着非常重要的作用。对腿的动作的了解是人们了解内心的一种有效途径。当你坐着等待他人到来时,往往腿部会不自觉地抖动,以表达紧张和焦虑之情。当心中想拒绝别人或者心中存在不安情绪时,往往会交叉双腿。

②副语言。一般来说,副语言又可以称为"伴随语言""类语言",其最初是由语言学家特拉格(Trager)提出的。他在对文化与交际的过程进行研究时,搜集整理了一大批心理学与语言学的素材,并进行了归纳

与综合,提出了一些适用于不同情境的语音修饰成分。在特拉格看来,这些修饰成分可以自成系统,是伴随着正常交际的语言,因此被称为副语言。具体来说,其包含如下几点要素。第一,音型(voice set),指的是发话人的语音物理特征与生理特征,这些特征使人们可以识别发话人的年龄、语气等。第二,音质(voice quality),指的是发话人声音的背景特点,包含音域、音速、节奏等。例如,如果一个人说话吞吞吐吐,没有任何的音调改变,他说他喜欢某件东西其实意味着他并不喜欢。第三,发声(vocalization),其包含哭声、笑声、伴随音、叹息声等。上述三类是副语言的最初内涵,之后又产生了停顿、沉默与话轮转换等内容。

③客体语。所谓客体语,是指与人体相关的服装、相貌、气味等,这些东西在人际交往中也有着非常重要的作用。从交际角度而言,这些层面都可以传达非言语信息,都可以将一个人的特征或者文化特征彰显出来,因此非言语交际是一种非常重要的媒介手段。

无论是西方文化还是中国文化,人们对于自己的相貌都非常看重。但是在各国文化中,相貌评判的标准也存在差异,有共性,也有个性。例如,汤加认为肥胖的人更美,缅甸人认为妇女脖子长更美,美国人认为苗条的女子更美,日本人认为娇小的人更美等。

人们身上佩戴的饰品本身并没有什么意义,但是出现在不同的场合,就是一种媒介和象征。例如,戒指戴在食指上代表求婚,戴在中指上代表恋爱中,戴在无名指上代表已婚。这些作为一种约定俗成的代码,人们不可以弄错。一般来说,佩戴耳环是女性在交际场合的一种习惯。当然,少数的男青年也会佩戴耳环,以彰显时尚。

## 三、设计生态化英语教学评价

生态化英语教学评价不仅对学生的英语语言知识、文化学业成绩等加以关注,对于学生发展各方面的潜能也非常关注。在生态化教学模式下,要展开生态化的英语教学评价,便于对学生语言学习与个性发展等有所了解,便于对学生能否在多元社会中认识自我进行评估,便于对学生的跨文化交际能力进行考查。

## （一）对语言知识的评价

表现性评价（Performance Assessment）通常也称"绩效评价"，它是通过观察学生在完成综合性或真实性任务时的学习表现来判断其发展过程和结果的评价方法。美国国会的技术评价办公室将表现性评价定义为"通过学生自己给出的问题答案和展示的作品来判断学生所获得的知识和技能"。这主要包含三层含义：第一，学生必须自己创造出问题解决方法（即答案）或用自己的行为表现来证明自己的学习过程和结果，而不是选择答案；第二，评价者必须观察学生的实际操作或记录学业成果；第三，评价必须能使学生在实际操作中学习知识和发展能力。

表现性评价既可以评价学生在完成表现任务过程中所表现的行为与心理过程，也可以评价表现性任务中所涉及的内容和完成任务的结果。其核心在于被评价者所执行的表现性任务与评价目标的高度一致性。它不仅将综合思考和问题解决联系起来，而且还让学生在合作中解决真实性或与现实生活相类似的问题，从而使教学更具有现实意义。

比如，要评价学生在计算机应用方面的某一能力，就应该让学生利用计算机来完成相应的设计或实践任务，在任务完成过程中观察学生的各种表现和结果，而不是让学生在试卷上回答操作步骤、程序方法等。作为一种新型评价方式，表现性评价与传统测验的区别主要体现在任务真实性、复杂性、所需时间和评分主观性等方面。

### 1. 表现性评价的常用方式

（1）演示

演示是一种按照规定的要求进行操作的能力表现，学生可借助演示过程展示其能够运用知识和技能来完成一项特定的复杂任务。它通常指向展示学生技能的运用过程或熟练程度，而不是指向学生的思维过程或知识陈述。演示任务通常是定义良好的学习问题，学生和评价者一般都了解完成演示任务的正确步骤或最佳方式等，如要求学生演示实验仪器的操作使用方法、演示网络信息资源的获取过程或演示某项体育运动技能等。

（2）实验与调查

实验与调查是一种按要求操作的能力表现，学生可以通过设计、实施及解释过程和结果来表现能力。实验与调查可以评价学生是否运用了适当的探究技能与方法,还可以评价学生是否形成了适当的观念框架,以及对所调查的现象是否形成一种基于学科知识的理论化解释等。为评价这些能力,在开始收集数据前评价者应要求学生进行估计与预测,再通过收集、分析数据来展示学习结果,得出结论并进行论证。

(3)项目

项目主要有个体项目与群体项目两种形式,它是指需要学生个体或群体完成的一项探究性任务。个体项目通常用来评定个体综合应用知识技能的探究能力,而群体项目除考查学生的探究学习能力外,主要用来评价学生是否具备适当的合作学习或协同工作能力等。精心编制的研究项目应要求学生能综合应用知识技能解决问题,通过项目研究过程可以对学生综合运用知识的能力做出评价。项目通常需要持续较长的活动时间,如设计某个实物模型、开发某种功能产品、撰写一份研究报告等。

(4)口头描述与戏剧表演

口头描述要求学生说出他们的知识,并以会谈、演讲的方式使用其口语技能,如在语言及语言艺术课程中,许多学习目标集中于语言的流利及交流技能的方式上,而不是内容的正确性上。而戏剧表演则是将言语化、口头与演讲技能及运动能力表现结合在一起,如学生可以将他们对虚构人物或历史人物的理解,通过扮演角色将这些人的个人特点表现出来。

(5)作品集

作品集最初是艺术家、摄影师,作家用来收集和展示其作品的,后来被一些教育工作者用作表现性评价的基本方法或唯一方法。学生作品集是学习作品的有限集合,用于展示学生的最佳作品或记录学生在成长过程中的学习成果。通常情况下,用作学习评价的作品集并不仅包括学生作品的集合,还应包括判断优秀作品的标准,学生对作品的修改及对作品的自我分析与反思等。

2. 表现性评价的应用设计

(1)明确评价目标和标准

首先要根据课程标准和教学内容来构建评价目标和标准。所确立的评价标准要明确、简洁和可操作,而且还要尽量让每位学生都熟悉并能正确理解目标要求和标准量规。

（2）选择评价重点

按评价的重点不同，表现性评价可分为侧重过程和侧重作品两种。一般来说，如果表现性任务没有作品要求或者对作品进行评价不可行时，主要侧重对学习过程开展评价，如难以评价作品或评价作品的成本和代价过高。操作过程具有一定的顺序并可直接进行观察，正确的过程或操作步骤对后续学习或活动的成功至关重要，对过程的分析有助于提高结果的质量等。同样，在某些表现性任务中如果对结果具有明确要求，而且结果比过程更值得关注时，通常以学习作品作为评价重点。

（3）设置表现性任务

表现性任务的选择对学生应具有一定的新颖性和挑战性。要选择那些学生比较熟悉的生活情境或现实问题，以便要求学生在具体情境中综合运用他们所习得的知识和技能。任务设计不仅要对学习目标、评价标准任务结果、建议策略等做出具体说明，而且还要明确完成任务的时间要求与支持条件。另外，任务设计必须切实可行，要保证学生能有足够的时间、空间材料和其他资源完成任务，而且为完成任务所需的知识和技能都能在学习过程中获得。至于任务数目的多少，则主要取决于评价的范围大小、目标的复杂程度，以及完成每项任务所需的时间和可用的资源等因素。

（4）收集信息资料

在日常教学中对学生的观察往往并不系统，而且缺乏对观察结果的正规记录。因此，难以为评价学生的复杂表现提供全面、客观的信息。表现性评价是在具体的任务情境下来观察和记录学生的表现和结果，它通常需要使用行为检核表或评价量规表等观察并记录学习过程的系统化信息，并且与日常教学中的非结构化观察有机结合，以保证既能收集到与评价目标直接相关的信息，也能收集其他有价值的信息和资料。另外，必须正确定位教师在表现性评价中的角色。教师在表现性评价活动中不再只是"权威"，而更应成为学习评价活动的促进者、指导者、管理者及任务开发者。

（5）形成评价结论

在形成评价结论时，应参考多种评价资料，从多维度、多层次对学生的表现进行综合评价；应将定量评价和定性评价相结合，既要关注学习过程，也要关注学习结果。表现性评价鼓励学生本人参与评价过程，将个人自我评价与小组相互评价相结合,以促进学生的自我反思和提高。

根据学生的表现,参照评价目标和标准,结合学生自身的因素和环境因素,以发展的观点指出学生的优势和不足,并提出有针对性的改进建议。作为教师,应当从表现性评价中认识到教学已经取得的成果和存在的不足,不断改进教学。

3.评价实施及判分建议

(1)如果时间允许,可以让学生实际开展研究和有关技术实践,并针对学生在不同阶段和不同环节上的表现进行评判;也可以通过纸笔测试方式,要求学生制订详细的研究计划,并对计划考查的各个环节的技术操作进行详细解释。

(2)对于学生的实际操作,可根据学生在不同阶段和不同环节上的实际表现依次制定评价标准并判分,最后累计学生在不同阶段和不同环节上的表现得出总分:首先,判断学生是否"会发邮件且会提交附件";其次,针对其提交的研究计划、研究报告和幻灯片分别制定评价标准并分别判分;最后,根据学生在上述方面的表现,测查学生在"信息搜索""信息评价与甄别""利用文字处理软件撰写研究报告""制作演示文稿"等方面的能力。

(3)如果希望考查学生活动过程的质量,可以围绕学生在活动过程中的规划意识和规划能力、信息技术应用水平(包括信息作品创作过程中的个性和创造性)、学习态度和参与意识、投入程度、交流能力与合作精神、问题解决能力等制订面向活动过程的评价指标。

## (二)对文化内容的评价

对于我国的评价体系而言,其核心主要是各种考试。可以说,考试在我国具有悠久的历史,典型的就是古代社会中所进行的科举考试。当前是全球化文化大融合的时代,在新的时代背景下,英语教学评价也需要与时俱进,结合新的技术和方法展开。为此,下面主要介绍英语文化教学评价方法的创新。不过,在此之前,有必要先论述一下对英语文化教学评价方法创新的必要性。

1.传统教学评价落后于前沿理论

目前,我国教育体系已经进行了多方面的改革,取得了较大的成果,这导致传统教学评价已经落后于当前的教学系统,表现在重视结果、轻视过程,重视定量、轻视定性,重视教师、轻视学生。

(1)重结果、轻过程。在传统英语教学中,教师多使用终结性评价方式来评价学生,很少使用形成性评价方式。利用终结性评价,教师往往只重视对结果的评价,无法对学生学习过程中的情况进行把握。换言之,教师只有在期中、期末考试中才能了解学生掌握知识的情况,是否达到了学习目标,而对学生学习过程中的学习情况丝毫不知情。此外,期中、期末考试题目设计有限,教师并不能把一个学期所讲授的所有内容都放在考试题目中,因而所选择的考试题目或许存在片面性、偶然性,这对于学生的整体学习而言都是极其不利的。

(2)重定量、轻定性。在传统英语教学评价中,教师往往只重视定量评价学生,完全忽视了从定性层面来评价学生。虽然定量评价具有一定的优点,如可以准确反映评价对象的学习成果,并且方便对评价成果进行统计与分析,然而对于学生学习过程中并不能进行量化的内容,定量评价就无法进行合理评价,所以想要全方位对学生展开评价,就不能仅采用定量评价方式,而需要将定量评价与定性评价相结合来进行。然而,定性评价在英语教学中受到的重视程度依然不够,还需要教师在这方面为其努力改进才可以。

(3)重教师、轻学生。在传统教学与评价过程中,教师都是主体,是不可或缺的部分,教师对于学生而言,始终处于居高临下的地位,学生往往被动或者被忽略,这对于学生自主学习积极性的培养来说是十分不利的。

## 2. 传统教学评价难以适应时代发展

在我国英语教学的发展过程中,很长一段时间采用的都是应试教育方式,教学评价的目的很明确,即选拔人才,将考试作文评价教师教学成果以及学生学习成绩的重要方式。然而,时代在发展,社会在进步,全球化格局的形成将世界上的各个国家带入一个多元化的格局中,各国文化都进行着前所未有的交流与碰撞。另外,科学技术也飞速发展,将人类带入信息化时代。在这样的发展趋势下,我国应试教育的弊端也越来越明显。

应试教育不合理的评价方式导致英语教学评价内容的不全面,仅重视学生学习中认知的发展情况而忽视智力的发展情况。事实上,兴趣、态度、情感、习惯等非智力因素对学生的英语学习产生着重大影响。如果在教学过程中仅重视对语言知识的学习，忽视对语言能力的培养，那么就会造成学生只是记住了英语知识，并不能将这些英语知识运用到具体的交际实践中。由此可以看出，对传统英语教学评价进行改革十分必要。

# 第三节　大学英语生态课堂教学的常见模式

## 一、慕课教学模式

MOOC（慕课）是英文"Massive Open On line Course"的首字母缩写，直译为"大规模开放在线课程"。从慕课的概念分析，其含义为：

"大规模"是指参与学习的学习者数量众多。课程的注册学习者规模达到数千乃至数以十万计，包括各行各业各个年龄阶段的人员。如此大规模的教育活动，在此之前是从来没有过的。不仅如此，慕课的"大规模"不仅仅是学习者的数量庞大，而且还包括更多的教师参与到教学之中。

"开放"是指学习是一种开放的教育形式，没有限制。慕课是多年来世界"开放教育资源"（Open Educational Resources，OER）运动的延续，是开放教育潮流的重要组成部分。有了慕课，只要能上网，只要有时间，只要有学习意愿，任何人都可以进行在线学习。

"在线"是指学习资源和信息通过网络共享，学习活动发生在网络环境下。"课程"是指开放教育的形式是课程，是整个教与学的活动。

基于慕课的混合教学能将面对面的课堂教学和网络学习的优势有机结合起来，实现教学效果的最优化。普通作为非慕课提供者，如何将顶尖的慕课积极而灵活地引入校内本科生和研究生的课程教学中，直接促进本校的课程与国际接轨达到国际水平，又间接促进本校教师教学科研水平以及学校信息化教学的发展，是值得研究的课题。慕课将对现有的教学模式提出严峻挑战，深入研究慕课教学模式有助于学校制订有针对性的应对方案。

### (一)慕课教学≠慕课平台

由于基于慕课的混合教学是对传统教学模式的流程重构,不仅仅是简单的信息技术应用,必将触动教师的传统教学观念和工作模式,甚至是触动教师的个人利益,这些问题与技术问题交织在一起,使慕课教学模式的施行势必会遇到一系列问题和阻力,因此学校教务管理部门和教学单位的首要工作目标应该是区别并梳理各种矛盾和问题,对症下药,多管齐下地予以逐步解决,切忌以点带面,放大次要矛盾而忽视或回避主要矛盾,从而使问题复杂化,导致关键问题更加难以处理。

在基于慕课的混合教学模式的应用过程中,很多学校常见的一个认识误区是将慕课教学模式等同于某一个慕课平台,这种认识的实质是本末倒置,完全曲解了慕课教学模式存在的目的和意义。诚然,一个稳定、可靠、资源丰富的慕课平台是开展慕课教学的基础,但换一个角度思考可以很容易得出结论,慕课是一种新型的教学模式,并不是一个特定的课程平台或软件,应该从更高层次进行教学模式设计。也就是说,应该先根据教学目标来确立慕课混合教学的思路和模式,再来寻找和组织合适的慕课资源应用于教学,而不是围绕一个特定的慕课平台软件来进行教学设计,将对特定平台或软件的使用等同于慕课教学。

或者进一步说,即使没有现成的慕课平台,慕课教学也应该可以通过教师搜索、选取互联网资源或自己录制课程视频来开展,因此对慕课混合教学的正确认识和教师提高教学质量与效率的内驱力才是推动慕课教学的核心因素,在此之上,学校只有积极完善外部环境和条件,多方并举,多管齐下,才有可能形成合力,促使慕课混合教学顺利施行。

### (二)慕课教学的目的和意义

时刻保持对混合教学目标的清醒认识,是确保慕课教学按照教学规律顺利推进和发展的重要前提。目前一些在引入混合教学的过程中或多或少都有追新、赶潮流的跟风心理,但不管出发点如何,都应该时刻反思慕课混合教学的作用和意义,一切以提高教学质量这个根本目的为核心,积极整合各种资源为教学服务。

具体而言,慕课首先为学生提供了优质的学习资源,这对帮助学生掌握学科课程知识,扩展学生的视野肯定有莫大的帮助。其次,慕课教学模式极大地压缩了本校教师的课堂讲授式课时,并通过信息化、网络化的软件平台和工具提高教学管理与教务数据处理统计的效率。总而言之,就是将教师从循环往复的机械性教学流程中解脱出来,给予教师更多的时间与空间来组织更加深入、更加丰富的教学内容。在教学效率提高后,节省出来的时间用来干什么,应该是每一位参与慕课混合教学的教师都应该思考的问题。

自古以来,我国的传统教育理念就强调"因材施教"的重要性,"因材施教"是宋人对孔子教学方法的概括,程顾说:"孔子教人,各因其材。"朱嘉写道:"圣贤施教,各因其材。小以小成,大以大成,无弃人也。"简而言之,"因材施教"的核心思想就是承认并正视学生的差异性,在教学过程中根据不同学生的特点有针对性地进行教学,最终的目的是启迪学生,充分发挥学生的潜力。"因材施教"的提出已有上千年的历史,道理也非常简单,但在传统教学中一般很难实施,特别在当今教育规模飞速扩大的时代,教师机械性地完成讲授式课堂教学,再做一些作业和试卷批改,最后完成成绩统计上报等教务工作,基本就占用了 100% 的教学工作时间,要想因材施教几乎没有时间和空间条件。因此,推行慕课混合教学是在信息时代实施因材施教的重要途径,教师从机械重复的教学工作中解脱出来所节省的时间和精力,完全可以充分投入因材施教的差异化教学工作之中,这在高等教育特别是的通识教育课程中就显得更为重要。

学生,特别是需要学习通识教育课程的低年级学生,正处于从基础教自阶段的应试教育思维向高等教育阶段的实践思维、批判性思维、创新性思维过渡的关键阶段,通识教育课程的选课学生往往来自不同的学院和专业,文理科专业背景也不同,知识结构和学习能力差异也很大,这就更需要教师根据学生的专业背景和知识结构对学生分门别类,有针对性地组织教学内容,布置相应的学习任务。在分类教学的基础上,还可以给予学生更多的人文关怀,根据学生的个体特点,进一步一对一地进行在线或面对面的教学辅导。

需要特别注意的是,慕课混合教学模式通过提高教学效率节省出的教学劳动时间,仅仅是为提高教学质量和精细度提供了一种可能性,具体是否能够真正起到实效,还要看学校和教师是否都有充分的认识并付诸行动,只有教师能够潜心教学,追求教学质量的提升,校方能够积极创造保障条件支持教师投入教学,多方相向而行,形成合力才能产生效果,否则很有可能沦为通过慕课来应付教学工作的投机取巧之举，最终只会因偷工减料而造成教学质量下滑。

## 二、翻转课堂教学模式

翻转课堂是一种依托信息技术的新型教学模式，以微课、MOOC 等为重要的辅助手段。它的出现离不开网络和多媒体信息技术的发展，它的发展更是得益于网络和多媒体信息技术的全面迅猛发展，翻转课堂的出现为高校课堂教学改革提供了新途径。

蔡宝来等（2015）认为，所谓翻转课堂，就是教师创建视频，学生通过登录互联网在线观看网络视频中教师的讲解，完成任务清单中学习任务，课堂上师生面对面交流、答疑和完成作业的一种教学模式。

在翻转课堂中，学生在课外观看视频代替教师的课堂讲解，课堂上完成练习及与教师、同学之间的讨论、协作、交流。翻转课堂的知识接受在课外通过自学完成，知识内化则在课堂上通过协作、互动等活动完成。它彻底颠覆了传统教学过程中的课内传授知识、课外内化知识的教学模式，改变了"传递—接受"式教学方式，为课堂教学注入了新鲜血液。

清华大学信息化技术中心钟晓流（2011）等认为，所谓翻转课堂，就是在信息化环境中，课程教师提供以教学视频为主要形式的学习资源，学生在上课前完成对教学视频等学习资源的观看和学习，师生在课堂上一起完成作业答疑、协作探究和互动交流等活动的一种新型的教学模式。也就是说，翻转课堂是信息技术支持下，教师在课前提供教学视频等资料给学生作为学习任务，学生在课堂外进行自主学习，这一步实现基本知识的传递；在课堂上，通过自主探究、合作探究、师生互动等形式，进行知识内化的一种教与学的形式。

翻转课堂最基本的做法是把传统课堂上的教学内容转移到课外学生自学，这样做有以下几方面的好处：（1）节省授课的时间；（2）满足不同个体的需求；（3）翻转课堂给学习者更多的自由选择；（4）增加互动时间。

时代发展到今天，社会不再青睐学校工厂生产式的操作型工人，而是需要有创造性的创新型人才。单一的传统教学模式已经难以满足人才培养的要求，翻转课堂作为一种新型教学模式，为高校课堂教学改革提供了一条新路径。

翻转课堂是产生于美国的一种全新的教学模式,我国学界有人提出,翻转课堂的提法源于美国科罗拉多州林地公园高中的两名化学教师乔纳森·伯格曼(Jonathan Bergman)和亚伦·萨姆斯(Aaron Sams),2007年他们尝试翻转课堂。一些学生因为路途遥远而经常迟到,有的因为生病或其他原因而耽误了课程,于是他们拍摄教学视频让学生观看作为补课。他们发现,通过视频来学习和课堂上针对性地讲解能够让所有学生受益,逐渐地这种方式受到了学生的广泛欢迎。翻转课堂的最初尝试是在美国的中小学校进行的。

也有人提出,早在20世纪90年代初,美国一些大学的教师便对这一教学模式进行了探索。1996年在迈阿密大学商学院执教的Maureen J. Lage和Glenn J. Platt首次提出了翻转课堂的设想,并将这种设想用于面向大二学生开设的"微观经济学"课程。Lage,Platt和Treglia 2000年在 *Inverting the Classroom：A Gateway to Creating an Inclusive Learning Environment*(《翻转课堂：创建全纳学习环境的路径》)中详细介绍了他们自1996年起如何在迈阿密大学"微观经济学"课程中运用、实施翻转课堂的理念与方法。钟晓流等认为,翻转课堂作为一种概念被明确提出是在2000年Lage Platt和Treglia(2000a,2000b)在《经济学教育杂志》发表的两篇有关翻转教学的文章中。

2010年前后,美国科罗拉多州森林公园高中的教师乔纳森-伯格曼和亚伦-萨姆斯以及可汗学院的创始人萨尔曼·可汗(Salman Khan)逐渐成为翻转课堂实践领域的领军人物。受他们惯用flipped classroom的影响,现在更多地用术语flipped classroom来表述翻转课堂。

美国的许多大学,如哈佛大学等,已有不少关于翻转课堂应用于理工类课程的实证研究。近年来,国内也掀起了对于翻转课堂的研究热潮,无论是在中学还是高校,翻转课堂已成为我国教育教学改革领域的一个热词。

我国教育工作者开始集中关注翻转课堂这种教学模式是在2011年萨尔曼·可汗在TED上的演讲之后,自此我国开始了翻转课堂理论与实践方面的全面研究。杨九民等(2013)以现代教育技术实验课程为例,验证了翻转课堂教学模式的有效性。潘炳超(2015)以多媒体课件设计与制作课程为例,采用准实验研究的方法论证了翻转课堂的教学成效,指出翻转课堂模式有利于激发和维持大学生的学习动机、培养大学生自主学习与合作学习的能力。邢磊与董占海(2015)以大学物理课程为例,证明了翻转课堂对提高学习成绩的积极作用。因此,翻转课堂适用于物理、化学、计算机等理工类课程的教学改革,这一点已得到国内外学者的一致认可。

有人认为,虽然翻转课堂适合于数学、科学、化学、物理等理工科课程的学习,但对历史、哲学、文学、教育学等人文性质的学科意义不大。不少学者研究都表明,翻转课堂对提高理工类课程教学效果有积极的促进作用,似乎翻转课堂应用于文科课程教学的研究较为少见。

然而通过从 CNKI 查阅文献发现,目前国内对于翻转课堂应用于文科类课程教学改革的研究也陆续增多。如蒋立兵、陈佑清(2016)以"教师教育国家级精品资源共享课程"有效教学为例,通过对教育学专业的两个教学班进行翻转课堂与传统教学的对比实验,全面分析两种教学模式下的学习氛围、学习动机、学习行为、认知结果、能力发展和学习满意度的差异性,探讨翻转课堂应用于大学文科课程的优势、条件与注意问题。

到目前为止,国内已经出现了一些有关文科课程翻转课堂教学模式的实验研究,但是仍有很大的研究空间。已经有学者开始尝试将翻译课堂教学模式与语言学导论这门课程结合起来进行研究,从 CNKI 上检索含有"翻转课堂+语言学"为主题词搜索到的文献有数十条,并且通过大型平台建立课程体系,语言学翻转课堂实验目前仍是空白。

国内外对传统课堂教学模式与翻转课堂教学模式进行了一些对比研究,经分析和总结,两种课堂教学模式在以下方面存在着明显差异:教师角色地位与学生角色地位、课堂教学形式、课堂时间分配、课堂教学内容、教学手段的应用及教学评价。

翻转课堂对学生的意愿很重视,学生成为学习的主体,主动探究知识,与同学、教师一起研究学习中的问题。在翻转课堂中,因为学生必须主动参与学习,尽管有些学生是抗拒这种学习模式的,但学生的表现要么保持不变,要么变得更好,而学习业绩很少有变差的,学生积极参与学习的过程就是学习发生的最好时机。教师成为学生思想的引导者、学习的促进者,不再是知识的权威者与拥有者,而是学生学习的合作者。教师在学生传统模式中要独立完成作业的那个时间段出现,在学生需要帮助时及时出现。这种模式不一定让所有的教师都感到很舒适,教师必须有条不紊,并愿意做出改变。

从课堂教学形式方面来看,传统课堂采用课中教师讲解知识、课下学生独立完成作业的教学形式。在这种教学形式里,学生成了课堂上听教师讲课、课下完成作业的"容器",课堂上师生的互动是课堂教学的很少一部分,因为主要是教师在课堂上讲,赶进度。在翻转课堂里,学生在课前通过各种途径完成知识的学习,对知识有一定的理解,在课堂上针对本节课的主题与自己在课前学习留下的疑问与同学和教师进行探究学习。

在课堂时间分配方面,传统课堂与翻转课堂迥异。在传统课堂里,课堂时间大部分用在教师讲解知识上。在翻转课堂里,讲课和家庭作业两个元素被翻转。教师给学生分配视频课程观看,通常这种视频在结束时会有一个测验学生是否掌握的小测试题或思考题等。下次上课时,教师和学生开始一起核对视频上的测试题和问题。课堂上,学生参与动手、互动、协作活动、体验式学习等。也就是说,课堂的大部分时间用于师生、生生的互动式学习。

以上分析可以看出翻转课堂的优势。在此模式中,因为课堂讲授的内容是视频形式,教师可为大量的学生提供学习机会,满足学习进度不同的学生的需求,如果学生一次听不懂,还可以反复听视频讲座。技术融入课程使得许多教学活动变得高效,如对学生学习情况的实时监测,及时调整教学计划等。学生切实对自己的学习负责,学生必须在课前主动观看教学视频,才有可能有效参与课堂活动。

翻转课堂作为新的教学模式,与传统教学模式在很多方面表现出不同。下面以表 7-1 说明这两种教学模式的差异。从表格可以看出,二者的差异是非常巨大的,这就需要教师首先转变思想,然后带动其他各个方面的改革,在原有教学模式上做修修补补是不会取得显著效果的。

表 7-1　传统课堂和翻转课堂的对比

| | 传统课堂 | 翻转课堂 |
|---|---|---|
| 教学方法 | 教师为传授中心,重心在于单向信息输送,学生参与度很少,主要是被动接受知识 | 在网络平台环境下,师生双向交流,共同参与教学过程,学生主动获取知识 |
| 教学内容 | 在预定的教材框架内操作,不能满足学生的不同需求 | 根据学生的兴趣需求,灵活调整教学内容 |

续表

| | 传统课堂 | 翻转课堂 |
|---|---|---|
| 教学资源 | 教材及一些相关纸质资源 | 多媒体资源、网络资源、MOOC资源 |
| 教学信息 | 教师根据课程性质做准备,给学生展示 | 由学生承受相当部分的分析、处理、展示与交流任务 |
| 学习进程 | 缺乏激情,模式呆板 | 在互动中构建知识,在参与中引发激情 |
| 教师角色 | 教导者、设计者及控制者 | 参与者、引导者、管理者、组织者 |
| 学生角色 | 单向接受者及被动学习者 | 活动参与者及主动学习者 |
| 教学评价 | 依据期末成绩及平时表现(出勤、课后作业、课堂表现),主要是定量分析方法 | 测试结果(形成性测试、期末考试)和教师布置任务的参与度,创意贡献等,定性和定量相结合方法 |
| 知识状态 | 知识是静态的,知识的存储往往是暂时的 | 知识是动态的,随着学习者的全面发展而不断更新 |

　　当然,翻转课堂同样存在着挑战和有待解决的问题。比如,在一些地方,访问视频可能会受客观条件的限制,如设备、网络等。视频制作是非常耗时的,教师需要充实自己的知识,或者聘请专门的视频制作人员来帮助,会耗费大量的财力。另外,一些学生还是比较喜欢面对面的讲座,觉得视频讲座的真实感不强,会被其他东西吸引而转移注意力。课堂的组织也是教育工作者必须深入研究的问题,如何组织和准备课堂活动才更有效?这需要理论支撑和实践经验的积累。另外,如何保证学生会观看教学视频,如何激发学生观看视频也是一个关键问题。

# 第八章　跨文化交际语境下大学英语教学生态体系的改善

在大学英语教学中,应该对课堂话语、课堂互动、课堂平衡加以改善,这样可使课堂教学更加有效,从而建立良好的生态课堂环境。本章将新时代大学英语课堂与生态教育融合的改善方式进行论述。

## 第一节　改善课堂话语

### 一、课堂讨论指导

#### (一)"讨论教学法"的内容

课堂教学是由"教"和"学"相互配合,相互影响,共同进行的一项活动。从教的角度看,教师无疑是应该唱主角的;但从学的角度出发,学生又无疑成了不可替代的主角。在通常的情况下,一堂课总是教师讲得多,学生说得少;但在特殊的情况下,有时会倒过来,学生讲得多,教师讲得少,这就是课堂讨论课。

传统教学最大的弊端就是"一言堂"模式,不问教学内容如何,不问学生的注意力集中情况如何,也不管学生是否理解,往往由教师滔滔不绝地一讲到底。显然,这种讲课模式是很难调动学生的学习的积极性的。而"讨论教学法"则是"群言堂"式的,由教师提出讨论项目,让全体学生(通常分成若干小组)围绕教学内容各抒己见、畅所欲言,教师只是在学生讨论过程中适时插上几句,结束时小结一下,这样无疑会极大地激发他们的思维积极性。课堂讨论是在教师的指导下为传授教学内容、解决某个问题进行探讨、辨明是非真伪来获取知识的方法,教师和学生都全身心地投入讨论中去,讨论结束之时,事实上教学目的已经达到,教学任务已经完成。讨论教学法的种类是多种多样的,既可以是整堂课的讨论,也可以是 10 分钟、8 分钟的讨论;既可以是全班的讨论,也可以是三五人的小组讨论。

### (二)课堂讨论是一种激发学生积极思维的好方法

与其他课堂教学方法相比,课堂讨论是一种最能激起学生的学习兴趣和旺盛求知欲的方法。同样的教学内容,如果是教师"嚼"细了"喂"给学生,学生吃起来是没有什么味道的;而如果把"半生不熟"的"粗料"倒给他们,让他们自己去咀嚼和体会,情形就不大一样了,他们会吃得津津有味的。如果教师不管学生"胃口"如何,硬把知识塞给学生,其结果必然会使学生"囫囵吞枣",会患上"消化不良症"的;而如果让学生"你争我论""你敲我打",尽管表面上教师没有花多少力气,但从实际效果来看应该是相当令人满意的。

课堂讨论能够激起学生的积极思维,这是被无数教师实践经验所证明了的。学生的口头表达能力、逻辑推理能力、质疑和释疑能力也会相应有所增强。在课堂教学中,对教学内容的一些重、难点组织学生进行适当的讨论,有利于提高教学质量是显而易见的,因为学生在讨论时为了证明自己观点正确,他们的思维水平会比平时更活跃,他们的精力会比平时更投入。在这种状态下,他们掌握的知识便会更准确、更深刻,思考问题和语言表达更敏捷、更富有创造性,那便是十分自然的了[①]。

### (三)选定课堂讨论题目及几项准备工作

与课堂讲授相比,课堂讨论有利于发挥每个学生的主动性和积极性,因为讨论活动是以学生为主体的,参加活动的每个学生都有表达自己见解的机会,同时每个学生又都要认真听取其余同学的发言,以随时得到反馈信息,及时调整自己的观点。然而同时应该清楚认识到的是:教师在学生讨论中起不可缺少的、至关重要的作用,因为学生进行讨论,

---

①　徐晓燕.小学语文教学探索与实践[M].成都:电子科技大学出版社,2015.

并不是他们自发的行动,而是在教师的具体指导下进行的,要使课堂顺利进行并取得较大的收获,教师应在学生讨论开始之前,做好多项准备工作。

总而言之,既要"务虚",又要"务实"。先说"务虚"——一要想方设法创造符合教学目的、要求的条件和环境,以使学生开展积极的思维活动;二要有意识地、坚持不断地培养和提高学生的"讨论素质",如怎样用概括的语言准确地表述自己的观点,怎样组织运用充分而又有说服力的材料来证明自己的观点,反驳不同的观点要以理服人,不要"戴帽子""打棍子"等。

再说"务实"——教师在讨论前除选好题目外,还应该注意两点:一是在各个小组中安排一两个学生作中心发言(可以是组长,也可以是组员),这样避免在开始的时候出现冷场和你推我让的局面;二要事先召开一次各组组长会议,教师告诉他们应如何紧扣教学内容和教学目的的要求组织好讨论,特别是应该教会他们在其他同学不发言或"乱发言"(开"无轨电车")时怎么办。

## (四)做到"分散为主、集中为辅"

以学生课堂讨论为主,题目已经选好,在讨论正式开始之前"务虚""务实"两方面的工作教师已经准备就绪,接着要注意的就是如何具体组织和如何合理分配时间了。

要使以学生课堂讨论为主的课取得较为理想的教学效果,在组织形式和时间分配方面,均应做到"分散为主、集中为辅"。要使以学生讨论为主的课真正做到"分散为主、集中为辅",应注意以下几点。

一是每个讨论组的人数不宜过多或过少,以七八个为宜(人数过多会使有些学生失去发言的机会,人数过少则不利于"集思广益")。

二是集中时间不宜过长,以保证学生有充分的时间对教师选定的题目进行深入的讨论,通常分散讨论的时间应占总的教学时间的 2/3以上。

三是组织形式要灵活多样并富有变化,要有分有合,既要有小组讨论,也要有大组交流(如有需要听取两组的不同意见,也可将两组临时合并)。

四是教师要把握好指导的良机,以使讨论的质量提高,不但在集中时归纳各种不同观点,明确告诉学生正确的答案,而且在学生讨论"出轨"时及时加以"轨正"。

五是教师的指导要精准和恰当,无论是在参加小组讨论时发表意见,还是最后的集中讲评,都应简明扼要,切中要害之处,而不应"喧宾夺主",占据过多的原本属于学生讨论的宝贵时间。

## (五)保护少数及把握讨论的全局

要保护少数,要允许不同意见的存在。不论在学生讨论时,还是教师加以总结时,均应如此。要让持有不同观点的学生有充分阐述自己观点的时间,要指导学生换一个角度去考虑其中的合理因素,看看其中是否有互补的东西。即使这种观点是错误的,教师也不应当"全盘否定",而应该对学生勤于思考、敢于发表独立见解的精神加以肯定和鼓励。

保护少数,其实质是保护学生的思维积极性。课堂教学的目的不仅是让学生学到正确的、有用的知识,更重要的是要使学生在学习和掌握知识的过程中不断增强他们的思维能力。在课堂讨论中教师不要轻易地否定学生的不同意见,即使对错误观点也要"一分为二"地加以对待(否定其答案,肯定其精神),这样做便能促使学生大胆思考,充分激发起他们探究问题的正确答案的思维热情。在这样的教学氛围中,他们便不会人云亦云,随波逐流,这对于提高他们的思维质量是大有好处的①。

当然,保护少数的前提是要分清正确与错误,不能对错不分,更不能"以错为对"。在肯定和鼓励少数学生敢于发表独立见解精神的同时,极少数学生因背离了正确的思维方向、死钻"牛角尖"而坚持错误时,教师就应该及时地指出错误之所在,以使他们回到正确的思维轨道中来。那种打着尊重学生主体性的旗号,对于学生的问答要么"不置可否,坐下拉倒",要么"一概称好,掌声鼓励",都是不足取的。

从表面上看,以学生讨论为主的课,教师的工作量似乎降低了,他不必像以讲授法为主的课那样滔滔不绝地讲个不停;实际上,教师的负担并没有得到减轻,反而比一讲到底的课加重多了。有经验的教师善于从中寻找课堂教学的"契机",及时根据学生的实际情况,调整原来的教学设计,在教师的调控下,课堂比预设中的更加生动活泼、多彩多姿。

---

① 沈龙明,肖建红,任献新.初中语文有效教学实用课堂教学艺术[M].北京:世界图书出版公司北京公司,2009.

教师要善于把握全局。在授课开始时,不但应该言简意赅地把本堂课讨论的内容及要求讲给学生听,还应该根据需要把全班学生分成若干组,并将可能发生不利于学生讨论顺利进行的情况提出来以引起学生的注意,直到学生热烈而有目的地展开讨论。教师不应该左右学生的正常讨论,除非学生偏离了讨论的主题需要干预以外。通常情况下教师只当"听众"而不发表自己的观点,这样有利于学生毫无顾忌地发表自己的个人见解,有利于提高讨论的质量。到分组讨论快结束时,教师已基本做到心中有数,并要求持不同观点的学生作发言的准备。讨论结束时让学生发言,最好各种观点都有,然后教师进行概括性的总结,既要把正确的结论凸显出来,又要表扬学生在讨论中体现出来的好精神,这样的总结会给学生留下十分深刻的印象。

## 二、课堂表扬

### (一)课堂表扬的作用及艺术

课堂表扬的作用。心理学家威廉·詹姆士说过,人类本质最殷切的追求是渴望被肯定,这种需求一旦得到满足,便会产生巨大的精神力量。因此,教师应该想方设法找出学生言行中值得肯定、赞许的东西,不失时机地加以表扬,满足他们的这种心理需求,以使教学形成良性循环。

课堂表扬对提高课堂教学质量,激发学生学习和保持英语学习的兴趣,增强学生的求知欲起着巨大的作用,具体表现为如下几点。

(1)体现教学目的和教学意图。因为表扬大部分是在学生能很好地完成教师提出的教学任务时进行,所以不仅被表扬的学生,就是其他学生也能从教师的表扬中体会到教师对他们提出的教学要求,并且尽可能地按照教师的教学意图去学习。比如,教师表扬及时背诵的学生,其实是对那些没有背诵的学生提出了背诵的要求。

(2)能活跃课堂教学活动的气氛。对学生进行表扬,无论是在他们正确地理解教学内容和很好地回答教师的问题时,还是在他们以认真、全神贯注的态度对待学习活动时,都能使他们精神上感到无比的舒畅和愉悦,从而使课堂气氛变得活跃起来。

(3)能激起学生更强烈的学习热情和求知欲望。由于教师的表扬不会"无限"把话说"满",而是与此同时有针对性地对学生提出些希望,因此课堂表扬使学生的热情出奇地高涨,求知欲望变得更为强烈,显然这对于提高课堂教学的质量是大有裨益的。

(4)课堂表扬的艺术。课堂教学表扬只是一种手段,其目的是激起学生旺盛的思维热情,以便更好地完成教学任务,这是不言而喻的。表扬的手段用得好,其积极作用也是显而易见的,然而并不是所有的表扬都能得到预期的效果,这一点也是应该注意到的。课堂的表扬要讲艺术,讲不讲艺术效果不大一样,这里所说的"艺术",其含义是"独特而富有魅力"。富有创造性,富有新鲜感,具有神奇的吸引力,便能使学生产生一种激动人心的愉悦感,便能使他们的思维保持愉悦的状态,从而激发大脑迸击出智慧的火花来。不用说,在这种状态下,他们会一下子变得聪明起来,还有什么教学内容不能很好地理解,还有什么难题不能迅速地解决呢? 如果表扬不当(表扬时机不当——不当表扬时表扬;表扬场合不当——不当表扬处表扬;表扬方法不对——用表扬小学生的方法表扬中学生),情形就完全不同;非但不能起到表扬的作用,甚至会比不表扬还要更不好。如果教师的表扬或使学生"飘飘然",或使他们"懵懵然",那么其作用与预期相差甚远,会产生消极的影响,影响他们思维积极性的发挥和课堂教学活动的顺利进行。

## (二)课堂口头表扬的特点

由上可知,教师在课堂上对学生进行表扬讲不讲艺术,效果是不大一样的。而要使表扬富有艺术性,以激发起学生的学习兴趣和吸引学生对教学内容的重视,教师必须了解课堂口头表扬所具有的特点,并根据这些特点对学生在学习活动中值得肯定的、赞许的言行进行表扬。在课堂活动的进行过程中,教师的口头表扬与课外的书面表扬有着不同的特点:

即时性—课堂表扬不是在备课时就已经事先设想好并在教学活动进行到一定阶段加以实施的,而是随着教学活动的展开,出现了某些值得肯定和赞扬的现象(包括学生的言行、神色等)时,教师才加以运用的一种教学手段,具有"实发"的性质。因此,整个课堂教学活动的过程中,教师应当十分留心,当值得表扬的"苗子"一出现,就应不失时机地抓住,及时进行表扬。

精练性—课堂表扬不是目的,仅是一种激励学生保持更旺盛的学习热情、积极参与教学活动的手段而已。表扬不应占据过多的教学时间,以致影响教学任务的完成和教学计划的实施。表扬要就"实"论"虚",即要透过表面现象,把实质性的东西揭示出来;语言表达要简洁,"点"到为止,不要啰唆不停。

对学生的某种言行、神色加以表扬,必须有利于本课教学目的的实现和教学任务的完成,有利于学生学习的兴趣和积极性,但光考虑"利"和"理"还是不够的,同时还应当渗透浓郁的情感因素。表扬应该是充满激情的,通过表扬使教师与学生的情感得到交流,以形成一种有利于收到最佳教学效果的氛围。带有浓郁情感色彩的课堂表扬,其艺术感染力会远远超出一般的纯理性表扬,这是毋庸置疑的。

## (三)表扬要适时和表扬要因人而异

课堂表扬是实现教学目的和完成教学任务不可缺少的一种手段,但要达到预期的目的和收到上佳的效果,教师实施时必须十分讲究艺术性。这里所说的"艺术性",除了"独特而富有魅力"这一含义外,还有"表扬要适时"的意思。"表扬要适时"中的"适时"当然有"及时"的意思,但又不是简单地等同于"及时";"要适时"要求教师要了解课堂教学活动进行到哪一个阶段、在哪些场合,最适合使用表达这种教学手段,要善于抓住最佳时机实施表扬(这里包含两层意思:一是在其他阶段、其他场合,表扬不如此时、此处效果好;二是使用任何其他种种教学手段均比不上表扬来得管用)。在课堂教学活动中,下列几种情况是应该表扬的。

(1)学生能很好理解时(无论是正确理解教学内容,还是正确理解教师的教学意图)此时表扬能培养他们思维的正确性。

(2)学生的正确思维(包括思维内容和思维方法)因得到了教师的肯定而受到了鼓励和强化,这必将使之在以后的学习活动中得到很好的发挥。例如,在学习《边城》时,有学生引用流行歌曲"走近你我就走近痛苦,离开你我就离开幸福"来解释小说所表现的两难爱情。教师及时给予表扬,学生的思维的热情无疑会得到更大的激发。

(3)学生很快理解时(无论是对教材有一定难度的教学内容,还是正确地理解教师的教学意图)——此时表扬能培养他们思维的敏捷性;学生的反应的敏捷程度虽说跟遗传素质有关,但主要还是要通过后天的实践(其中容易见效的是得法的教育)得到提高的,教师的适时表扬能加快提高的速度。

(4)学生能深刻理解并发表自己的独特见解时(只要有一定的见解,有一定的独创性,哪怕这种见解还不够严密,甚至还存在有失公允之处)——此时的表扬尤为重要,能培养他们思维的独创性;学生的独到见解受到教师的好评,学生独立思维的行为受到教师的赞扬,久而久之学生会从教师的好评和称赞中得到鼓励和启迪,会逐渐养成时时处处独立思考的良好习惯。

表扬要因人而异,这是"因材施教"的一种具体的表现形式。孔子的两个学生问同样的问题:"听到了符合'义'的事应该立即去做吗?"孔子对子路说"有父兄在,怎么能贸然去做",而对冉有说"应该立即去做",其高明之处是在于根据不同对象的特点做出了不同的处置("由也兼人,故退之";"求也退,故进之")。教师在课堂教学实施表扬时不妨学习孔子的这种做法。一般来说,"好学生"受表扬的机会比其他学生要多一些,但教师实施表扬时也要根据不同的具体情况加以区别对待。"好学生"有两种类型:一种是学习态度认真,考试成绩好;另一种是脑子特别好使,但不太踏实。

对此,教师表扬的重点应有所不同。对前者,在表扬其态度认真的同时应要求他们拓展思路,注意灵活性。"差学生"也不总是与教师的表扬无缘的。只要教师不带有色眼镜看他们,他们身上的闪光点也会发光的。不要对他们求全责备,而应当尽可能"择其善者而扬之"。只要他们的见解之中有一点可取之处,只要他们有一点进步,都应当郑重其事地加以表扬。曾经有一位学生抄袭作文,屡禁不止,他的教师为了改掉他这一毛病,没有对他进行责骂和斥责,而是对他提出了"表扬"。

这位教师从抄袭作文的事上,肯定了学生的三个优点:一是有上进心,想得个好成绩;二是有辨别力,看出这是一篇佳作;三是抄写认真,字迹工整。同时,这位教师还不失时机地启发学生说:"你为什么认为这篇文章好?好在哪里?请把你感受最深的地方写出来,好吗?"表扬学生,赞赏学生,用放大镜来关注他的优点,并公布于众,从而激发他的自尊心和自信心,转化他的缺点,这样的教育手段可谓是高明之极。

显然,有针对性、因人而异地进行表扬,比起笼而统之地只表扬成绩好的学生,效果要好多了。

### (四)表扬要面对全体学生和表扬要适度

课堂表扬不但是一种行之有效的教学手段,更是一门极具魅力、能吸引学生全神贯注于学习内容的艺术。教师具体实施时,艺术性越强,教学效果越佳。这里很重要的一点是要处理好点和面的关系。即不但要使受表扬的学生得到鼓励,使其学习兴趣和积极性得到加强,而且要让没有受到表扬的学生同样也得到鼓励,也能激起他们浓厚的学习兴趣。

课堂表扬这种教学手段运用得恰当,毫无疑问,对提高课堂教学质量有着十分积极的作用;但如果运用不当,非但不能产生任何作用,而且还会带来相当消极的负面影响。这里要注意一个度——表扬要适度,而不可滥用,这是课堂表扬必须遵循的一条重要原则。课堂表扬要合理,表扬时要说明原因,要让学生知道什么样的言行最容易得到教师的表扬。对于学生的言行,只有的确有需要时才加以表扬;应该表扬到什么程度,就表扬到什么程度,绝不可任意拔高。合理的表扬能给学生树立看得见的、能仿效的榜样,这种榜样的力量是无穷的;而过度的、不合理的表扬往往会事与愿违,或者因时机不当中断教学活动。

# 第二节　改善课堂互动

## 一、课堂结讲

课堂的结讲是每堂课的重要环节。在一节课将要结束的时候,教师要组织全体学生或对本节课的结构、内容要点作小结,或对课文的结构、中心、写作方法作小结;有时还要以此为基础作延伸,对学生进行联系实际的教育;同时,还要安排练习,布置作业,目的是帮助学生巩固记忆和运用所学知识,培养能力,使之受到感染和教育,激发继续学习的兴趣。如果把一堂课比作一场戏,"开场戏"固然有抓住观众的作用,而"收场戏"更有独特的功效。优秀的英语教师都十分重视课程的结尾,认为一堂课应是"凤头、猪肚、豹尾"。所以,英语教学过程的艺术不仅要求导入引人入胜,中间高潮迭起,而且要求结讲更加精彩、画龙点睛,余味无穷。

## (一)结讲的几种方法

常见的结讲艺术方法主要有以下几种。

(1)评论法。结尾时,在对课文主旨进行概括、提炼的基础上,再对课文的内容或写法的某一方面进行评论。采用评论法结尾,要注意评论恰到好处,实事求是,不可随意夸大或缩小。

(2)练习法。上完新课,布置适当的练习让学生做,以检查他们对所学内容掌握的情况,及时发现和解决问题,复习、巩固所学知识,并做到举一反三,触类旁通。

## (二)结讲遵循的原则

要使结讲在学生的头脑中留下美好的印象和收到极其良好的效果(既能使他们得到愉悦无比的美感享受,又能使他们产生更为强烈的求知欲望),必须遵循以下三条原则。

(1)完整性。要对整堂课的内容做简要的归纳,勾画出一个大致的轮廓(有时可结合板书进行)。这样收尾有利于学生对本堂课基本内容的理解和记忆。收尾切忌丢三落四、残缺不全,以至于学生下课时稀里糊涂,不知道本堂课哪些内容是必须要深刻理解和牢固掌握的。

(2)针对性。收尾当然要注意"完整",要回顾这堂课的整个教学进程,但并不是说不分轻重主次地把这过程平铺直叙地复述一遍。收尾要针对学生听课的实际情况,要突出重点。这里所说的"突出重点",包含两个方面的含义,一是要突出要求学生本堂课必须掌握的那些最基本的教学内容(要求他们一般了解的内容,可以"一句带过");二是要突出那些在教学进程中大部分学生理解较为困难的地方,这样收尾能加深他们对重点内容和难点内容的理解。

(3)启发性。收尾时教师用概括的语句把本堂课学习的主要内容加以归纳整理,以帮助学生更好地理解和掌握这些教学内容当然是很有必要的,然而仅仅做到这一点还是很不够的。好的收尾应该是富有启发性的:教师不但把结论告诉学生,更要让学生了解和掌握得到结论的途径和方法,以便他们今后在学习类似的知识时能灵活加以运用。

### (三)几种应避免的收尾方式

要使课堂教学的收尾取得较好的效果,除了要知道"应该怎样做"之外,还应当知道"不该怎样做",也就是说"什么样的收尾应加以避免",这样便可以从正、反两个方面确保一堂课有一个高质量的收尾。具体地说,以下四种收尾是应该尽量避免的:

(1)不应"虎头蛇尾"。有些教师比较重视开端,但到结束时往往显得仓促,看看时间不多了,便连一些应该做的"梳理"和小结也不做了,使整个课堂教学过程有点"虎头蛇尾",不能善始善终,致使不少学生在下课时对这堂课应该掌握的教学内容"胸中无数"①。

(2)不要"画蛇添足"。与"虎头蛇尾"式收尾相反,有些教师在收尾时小题大做,本应该自然收尾的却无话找话,硬是讲个不停,其本意是想让学生对本堂课讲的内容毫无遗漏地加以掌握,但实际效果却恰恰与良好愿望相反,很容易使学生产生厌烦情绪。

(3)不可平淡无奇。有些教师备课时对"如何收尾"未加以精心思考,未做精心安排,因而收尾时显得平淡无奇,重点内容未能鲜明地凸显出来,很有点"走过场"的味道(其实,戏剧中的"走过场"就其本意而言,也是相当认真的),这样的收尾是不能使学生对教学内容产生兴趣的,更不要说有启发他们课后进行认真思考的作用了。

(4)不能前后矛盾。由于考虑不周(或备课时马马虎虎),有些教师收尾时作的小结与前面的讲课内容不一致,所表达的观点也与教材的观点不一致,以致影响了学生对教材内容的正确理解。

## 二、课堂教学中的过渡

课堂教学活动进程中的过渡与文章中的过渡同样重要。文章的过渡一般有三种方式:过渡词语、过渡句子和过渡段落。无论是过渡词语、过渡句子,还是过渡段落,它们所起的作用是相同的,都是把各个部分的内容连成一篇文章。教师在课堂教学过程中的过渡与文章中的过渡相仿,也要运用过渡语、过渡句子,把一堂课的各个零星碎片连成一个有机

---

① 孙晓辉,付文生.守望小学语文教育[M].成都:电子科技大学出版社,2016.

整体的作用。

在一堂课进行的过程中,通常不会是由教师从头讲到尾的,学生应该是课堂学习活动的主体;教师也不会机械地只用一种教学方法,而往往会交替使用多种教学方法;课堂教学内容既有新的,也会有以前学过的……总之,一堂课是由许多零星的"碎片"集合而成的,"碎片"之间的过渡是不可少的。试想一下,如果教师在一堂课的进行过程中缺少了合理的和必要的过渡,那么,教师的教学思路如何贯通呢?学生学习的思路又怎么能不被打断呢?

课堂教学过程中的过渡通常包括两个方面的内容:一是课上讲授的教学内容各个部分之间的过渡,这种过渡起着承上启下的作用,过渡得好,能使教学活动的展开流畅地进行;二是不同教学方法、不同讲课方式之间的过渡(如或者由教师讲解转到教师问、学生答,或者在复习完旧知识后转到学习新知识时),这种过度能适时地引起学生的注意,使学生能较快地适应教师接下来要采用的那种教学方法和教学方式。不少教师课堂教学的实践都表明:无论是哪一种过渡方式,对于课堂教学活动顺利进行而言,都是十分必要的。

## (一)课堂过渡几点基本要求

(1)要实现自然过渡。一堂课的教学内容是一个整体,由若干个部分组成,教师在教学过程中应在一个部分与另一个部分之间插入适当的话语使之自然地衔接起来;过度生硬、不自然会影响教学思路的贯通,影响学生对学习内容的接受和理解。

(2)要注重不同过渡方法运用。不同的课应采用不同的过渡方法,因为各课堂的具体情况都不一样。如果采用固定的方法加以过渡,显然是不能取得满意效果的。比如,说以教师讲授为主的课与讨论为主的课也不大一样。以教师讲授为主的课,过渡时要强调、突出重点内容,以引起学生的重点关注,应用这样一些语句,"上面我们介绍了……下面我们应当着重注意的是……"

## (二)课堂过度的几种方法

在课堂教学领域中,过渡的方法和形式是多种多样的。这里介绍英语教学中经常使用、能收到较好效果的几种具体的方法和形式。

### 1. 提问式过渡

教师在备课时,先设计好本堂课进行的几个阶段(从教学内容角度分析,也可称为"几个部分")。为了使这几个阶段(或"几个部分")衔接得自然而又颇具有启发性,可结合具体的教学内容提出一些问题来。前一个阶段快要结束、后一个阶段快要开始时,教师引导学生把注意力集中到这些问题上,便能较为自然地完成前后两个教学阶段的过渡。如有位教师在探讨诗歌的意象时是这样过渡的:"对。大家的发言很精彩。这首诗在同学们的积极探讨下越来越清晰了,所以,我们通过品味诗歌语言,就能够了解诗人,就能与他们进行时空对话。其实这里所说的名词就是诗歌中所说的意象,我们可以把它称为意象语言,那么什么是意象呢?"

### 2. 讨论式过渡

教师在讲解一些在学生看来比较抽象的概念(因为与他们的生活实际有一段距离)或比较复杂的内容时,为了使他们对教学内容有比较正确的认识和鲜明深刻的印象,可以提供一些学生感兴趣的、能引起他们争论的材料,组织他们进行辩论。用这种过渡方法,有利于学生学习较为复杂的内容,有利于激发他们探究的欲望。

### 3. 联系式过渡

如果教师讲授的教学内容与学生的生活经验或以往所学习的知识、文章有某些联系的话,那么在把教学内容做大致介绍后,要求学生联系自己的生活实际,练习以前所学习过的内容来学习教材上的知识。这种过渡方法有利于引发学生的学习兴趣,增强他们的求知欲望,因而很容易收到比较理想的教学效果。

## (三)巧妙合理运用过渡语

课堂过渡是通过过渡语来实现衔接和过渡的,所以我们对过渡语的使用要巧妙、合理,并实现它的价值和功能。

(1)过渡语应体现自然顺畅的上下联系。一节课所讲授内容是几个段落或层次,教师可以在段落与段落,层次与层次之间抓住期间的内在联系或共同特点进行过渡。这样前后连贯的过渡方式犹如穿针引线,一贯到底。

（2）过渡语应巧妙体现评价的价值尺度。通常评价的功能往往是评价语所实现的,但我们也要注意到过渡语也有评价功能,我们要注意过渡语的评价功能,防止因过渡需要而产生评价误差。

（3）过渡语应适度激发学生的学习热情。在过渡语言的运用上不要只考虑衔接的顺畅,还要考虑其语言的激发功能,引人入胜、启迪益智、激发兴趣都是过渡语应该追求的效果。

（4）过渡语应成为学生学习语言的载体。好的过渡语学生可以长时间记忆,可以给人美感,是学生学习语言的载体和途径。过渡语中包含着大量的语言和美的信息,我们要让学生在过渡语中捕获,转变成学生自己的语言能力,提升英语能力。

# 第三节　改善课堂平衡

我国古人曾精辟地指出:"文武之道,一张一弛"。在这一定程度上揭示了事物有节奏发展的普遍规律,所谓抑扬顿挫、轻慢徐疾、阳刚阴柔、参差错落等这些词藻,不仅具有一般的美学含义,表现了一般的美学法则,而且也包孕着事物发展的一些固有属性。万事须有节奏,这是亘古的真谛。课堂教学自然也必须遵循节奏规律,塑造节奏美感,以提高教学质量。

## 一、课堂节奏安排需要考虑的几个因素

### （一）考虑授课内容因素

上课时,课堂中教学的内容本身是具有一定的节奏感的。一般内容、重点内容、难点内容和关键之处,针对这些内容教师在组织课堂教学时不应平均用力,而应对一般内容做简明扼要的介绍,对重点、难点及关键之处作较为详细的阐述并加以强调,这样就很自然地形成了节奏。

考虑教学过程因素，一堂课至少应包括这样三个阶段——导入（讲些"开场白"）、教学目标的完成（这是占时最多、最为重要的阶段）和收尾（做些概括加以小结）。其中教学目标的完成阶段根据不同的教学目标和教学内容又可采用多种教学方法（如教师系统讲述、教师问学生答及先让学生预习或讨论后再讲或者集体探究等）来进行教学活动。

### （二）考虑学生心理因素

不管是小学生，还是中学生、大学生，他们都不可能整堂课自始至终高度紧张地投入高密度的教学活动中，如果没有适当的放松，参与不了半堂课便会产生疲倦的感觉；而如果富有变化，节奏感较强，那么学生即使较长时间专注在教学内容上，也不会觉得吃力。因此，教师在组织课堂教学时一定要十分注意节奏，以便让那些课堂上组织学生学习的内容极其鲜明、深刻地留在他们的脑子里，整个教学过程紧张与松弛多次交替出现，使得他们大脑皮层的"兴奋灶"不断转移和交换，思维态势持续保持最佳状态，从而能轻松、愉快地理解和掌握教学内容。

## 二、把握几个方面课堂节奏

### （一）要注重把握整节课的课堂节奏

教师在组织每节课教学时要保持恰当的节奏。所谓"恰当"，指的是这种节奏要适合全班大多数学生的心理，紧张和舒缓交替出现；既要使学生的注意力高度集中，让他们参与起来毫不费力，又不至于因神经持续高度紧张而引起过分疲劳，对学习活动产生厌倦心理。教师在授课刚开始时定好"基调"（视本堂课的教学难度而定，内容简单可紧凑些，内容复杂可舒缓些）很重要，但同时也应该注意随着教学活动的进行，根据变化着的具体情况随时加以调节（如有些内容虽较复杂，但由于教师准备充分、学生全神贯注而进行得比较顺利，则节奏可紧凑些）。

### （二）要注重把握授课内容的节奏

包括教学内容的详略、多寡、取舍、分布等，即语义信息的含量和流速。在一定时间内,学生的大脑运动机制能力是有一定限度的,学生的理解和吸收能力也是有限的,而且在不同的生理、心理曲线上,其兴奋中心也是不同的,因此这种语义信息量的多少和流速的快慢,必须要与之相吻合。于是,这就要求教师对教学内容不能原样照抄照搬,而要根据上述要求,进行合理的有机的再创造,使教学内容的语义信息流动节奏,与课堂教学的外部形式口语、书面语等的节奏完美结合,以符合学生的兴奋中心运动规律,有经验的教师总是会根据学生的实际情况,对教学内容进行剪裁与安排,调整顺序,做到由浅入深,在认知需要上合乎学生的思维规律;由易到难,在心理上也合乎学生的接受习惯;由慢到快,在节奏上又合乎学生的审美体验。这样,既增加了学生学习的信心和兴趣,又为前后两部分教学内容的节奏寻觅到了一个和谐的音阶,并为学生的审美需要搭起了一座心理的彩桥。

### (三)要注意把握授课速度节奏

授课速度的快与慢,也对节奏感的形成有着较为重要的影响。教师的授课速度通常有两种不良倾向:一种是进程太快,不考虑学生学习时注意力集中的实际情况和可接受程度,自顾自地把准备好的内容"连珠炮"般地发出,弄得学生晕头转向,不能很好地理解和掌握教学内容;另一种是进程太慢,对大部分学生很容易理解的内容不停地重复(烦琐地说明、重复地讲解),弄得学生心烦意乱,感到"味同嚼蜡",毫无兴趣可言。好的授课节奏应该是快慢交替、富有动态变化的。

一般说来,授课速度快与慢,要根据学生注意力集中情况而定:他们的注意力较为集中(对教学内容比较感兴趣)时,可适当放慢速度,对教学内容做较为深入的探讨;而在他们的注意力较为分散(或将要分散)时,则应适当加快速度,以吸引他们对教学内容的注意。学生在学习活动中思维的"张"与"弛",也对节奏感的形成有着相当重要的作用。所谓"张",即是紧张,指教学过程到了高潮阶段时,学生的思维状态处于最紧张、最兴奋的状态。在这种精神状态下,学生能既迅速又准确地掌握知识与技能。所谓"弛",即松弛,一般是教学过程处于休整、停顿阶段时,学生的思维处于相对舒缓、不那么兴奋的状态。在这种状态下,他们会有时间对教学内容进行思考和回味,这对更深刻地理解教学内容是很有好处的。

### (四)要注重把握授课语言节奏

语速、语感、语言本身都是语言节奏的要素。抑扬顿挫,激情洋溢,平铺直叙,言简意赅都可运用到语言节奏的调控上。教师可以根据教学内容,课堂结构的具体需要来加以确定。

要注意把握书面语言(板书、板画等)节奏。讲述是教师用字音说话,板书、板画、影像则是用字形、图形、影像说话,也都同样存在着节奏的处理问题。板书、板画是一种视觉语言符号,动漫是视觉与听觉结合符号,它除了要动用人的大脑思维等系统外,还要使用人的其他动觉系统——眼、手、耳等才能出现语义信息的传送,因此它传输速率是比较缓慢的。所以,在一堂课里,对影像,尤其是对板书、板画本质的处理、安排,要有一个合理的层次节奏。

一般说来,在课堂审美中,学生最忌一抄就是一大片,抄写时间过长,容易使学生疲乏,产生厌倦情绪。因此,在板书、板画的处理上,应注意层次分明,重点突出,能少写的绝不多写,并根据课堂教学内容和教学结构的需要,让板书、板画分层次、有节奏的出现,并注意板书、板画和口语交叉处理,同时进行的"交叉节奏形式",其审美效果也是独具优势的。此外,板书在讲究字迹工整、美观,行列安排适当的基础上,还要注意书写的速度即节奏问题,教师的板书速度应该略快于学生书写的速度。否则,就会使学生产生"延长视听"的感觉。让学生处于写—等待—写—等待……这样一种节奏中,在生理和心理上形成不和谐的循环。

总之,课堂教学的节奏美,可谓无处不在,无时不有,教学重点突出,详略得当,活动循序渐进,由浅入深,过程张弛有度,动静结合,环节过渡自然,层次分明,教师字字珠玑,起伏有致,疏密相间的课堂结构,启发诱导,虚实相生的教学方法,教学内容内在的科学性,与教学外在表达的形式构成的艺术性等,均是课堂教学节奏美与艺术美的集中体现,是课堂教学生动、高效的"催化剂"。

# 第九章　跨文化交际语境下专门用途英语教学生态体系的构建

专门用途英语在我国的发展越来越引人瞩目,原因是这一课程随着我国社会的发展日渐与时代要求相贴合,所培养出的专门用途人才受到社会各界的欢迎。本章重点研究跨文化交际语境下专门用途英语教学生态体系的构建,在对专门用途英语教学进行简述的基础上,分析专门用途英语课程的设计、专门用途英语教学的实践。

## 第一节　专门用途英语教学简述

### 一、ESP 的定义

ESP(English for Specific Purposes)是与 EGP(English for General Purposes)相对应的。英语教学的历史源远流长,但在 20 世纪 70 年代以前,一直是 EGP,即通用英语的天下。所谓的通用英语教学重在培养学生的基本语言技能,即听、说、读、写、译的能力,其检验标准是学生对英语文学作品的理解与欣赏,目的是提高学生的受教育水平与素质。但是 20 世纪 70 年代以后,随着世界经济的繁荣与国际交往的扩大,英语成为国际通用语。在非英语为母语的国家,学习英语的人越来越多。他们学习英语的目的是迎合国际贸易的需要,或是为了国际学习、合作或深造。因此,ESP 即特殊用途英语便有了发展的土壤。

## 二、专门用途英语教学的现实作用

将公共英语教学与专业课教学结合起来，培养复合型人才，提高公共生的专业英语应用能力，是提高大学生英语应用能力的需要。与通用英语不同，专门用途英语教学逐渐得到了越来越多专家学者的重视。专门用途英语对大学英语教学具有促进作用。

提高大学英语应用能力需要重点培养复合型人才，将公众英语与专业英语两种教学结合起来，不断提升公共生英语实践能力。几年来，通用英语的地位不及以前，与之相反，专门用途英语越来越受到专业人士的重视。在专门用途英语的影响下，各高校英语水平也有了不同程度的提升。

我国的英语教学一直以通用英语为主，教材注重文史题材，词汇基本是通用词。在这样的教学方式下学习的学生，大多具有扎实的英语基础，能听能读能写，能应付各种各样的英语测试。

目前，随着社会对大学生的录用要求逐渐提高，大学生要能直接进行专业领域的国际化交流，更要一上岗就承担起与英语专业有关的所有工作。然而，课堂英语知识只能单纯应对各类英语资格考试，很难在工作实践中发挥很好的作用，这导致学生在从事自己专业领域工作时感到力不从心。

大学英语应该在完成基础教研任务的基础上，更加倾向于专业英语教学，只有这样才能满足社会对国际化、专业化人才的需求。章振邦曾说："现在的问题是我国的普通英语教学太长，对专业英语重视不够……大学英语教学迟迟不与专业挂钩，怎能要求学生毕业后走上需要专业英语的工作岗位能够愉快胜任？"

而且，在经济全球化背景下，各个领域几乎都存在跨文化交流现象，各行各业对专业精通且外语应用能力强的复合型人才的需求量增多，要求具备多元化、专业化的外语能力。面对市场的需求，仅掌握通用型外语技能是远远不够的。

相对于过去，外语的功能性发生了显著变化，为适应出国留学和国际公司的需求，现在的学生更加注重外语的应用性和辅助性。当前公共英语改革形势严峻，让英语成为学生学习和工作的有效工具已经成为公共英语教学改革的目标任务,只有这样才能使学生在提高自身英语水平和素质的同时,更加贴合现实社会的需要。

专门用途英语教学则是与这一需求相符的一种教学理念,将专门用途英语教学引入公共英语教学,将有利于改善公共英语教学现状,提升学生的英语素质,培养优秀的英语实用人才。

# 第二节　专门用途英语课程的设计

课程设计的程序已经揭示了需求分析在课程中的地位,它是整个课程必不可少的先导步骤,也是课程最终要达到的目标。理想状态下,需求分析应该在课程开始前进行,其分析结果成为课程努力的目标。但实际操作时,在课程开始前教师往往难以收集到足够的信息,无法进行全面的需求分析,所以在课程开始后也会根据具体情况适时地进行需求分析,这样需求分析就可能出现在课程运行的全过程中,成为一种动态调节性的需求分析,更接近真实的需求。

## 一、专门用途英语课程的需求分析

### (一)需求分析时应注意的问题

(1)需求分析不是一蹴而就的活动,它是一个持续的过程,它的结论应不断被检验和再评估(Drobnic,1978)。EAP 课程学生众多,可定期做需求分析,定期调整,不必打乱上课的节奏。但 EOP 课程往往是一次性的,学生未上课前就要做需求分析,所以结果往往不完善,只能在上课过程中不断调整(Dudley-Evans & John,1991)。

(2)现实的需求分析是一个妥协的过程,各方的需求可能不一样。各方人士都可能会不自觉地夸大自己需求的重要性,所以课程设计者应理性地权衡协调。

(3)学生的主观因素在需求分析中非常重要。学生在未来的工作中很可能不得不大量阅读枯燥的英文文章,但那时他们有很强的动机去阅读,因为那种阅读也许是他们升职的砝码。但当他们在学校时,就不会有那么强的阅读动机。所以,分析学生的动机、策略、偏好等主观因素,是保证课程顺利有效进行的必需步骤。

(4)调查提问应细化,应着眼于发现问题本质。现在的需求分析,很多调查项目,都是问学生希望提高哪种技能,调查应关注问题本质,进行细致分析。询问学生想要提高的技能是现在需求分析经常调查的项目,如口语、阅读等。而没有调查这种技能希望达到何种水平。为什么学生认为口语比阅读重要,而在实际工作中,阅读机会其实远大于口语,就是因为学生的阅读水平虽然也不高,但还够用,而口语却连够用的水平都没有,用一次就失败一次,口语明显成为瓶颈。因此,不能说用得少,就可以教得少,要看是什么短板。需求分析,应着重分析短板。大部分英语学习者由于条件限制并没有对口语进行测试,因此需求分析中很少对口语进行细致深入的分析。

(5)谁来做需求分析更合适。作为 ESP 的需求分析者应该精通语言,熟悉行业信息,能收集到各方信息,并成功协调各方的利益。所以,由语言学家、教师、行业专家、调研专家、管理者组成的团队可能是需求分析的最佳结合,其中语言学家、教师和行业专家是骨干力量。行业专家对目标情境下学习者应达到怎样的水平有清晰地认识,也了解行业的最新发展动态,对学生未来需具备哪些能力也有清楚地预见,能为学生提供足够的目标需求信息。而这些目标需求怎样转化为学习需求、怎样实现,则可以由语言学家和教师通过调查设计。

## (二)需求分析步骤

需求分析通常分为三步:需求分析前的准备阶段、数据收集阶段、数据分析和结果运用阶段。需求分析前的准备阶段为以后的活动定下了方向、程序和目标,是一个定调子的阶段,非常重要。这一阶段应考虑的主要问题如下。

(1)需求分析的结果有何种用途,怎样应用。这是所有工作的第一步,只有清楚需求分析的目的,才能做到有的放矢。只有知道分析结果怎样应用,才能让分析的结果更具可操作性、更加实用,而不会永远是纸上的蓝图。

(2)需求分析由谁来完成。由怎样的团队来完成需求分析直接影响着需求分析的质量和效率。在选择团队时，还应考虑到他们的分工，具体到他们各自需完成的任务。

（3）需求分析何时进行，可用多少时间。时间在任何活动中都应该提前计划好。根据具体情况，需求分析可以分步做、分段做，也可以定期做、临时做。怎样对达成目标有利，就可以怎样安排时间表，但一定要有时间表。

（4）需求分析的内容、要素有哪些。这是需求分析最核心的问题。需要调查的内容一定要具有一定的覆盖度和一定的深入度，应反映需求分析的目标。

（5）从何处获取信息，获取信息的可靠性、可行性如何，要充分考虑到可能的困难。

（6）需求分析采取何种手段进行，采用哪些测量工具，要充分衡量这些测量工具的信度、效度和可操作性。

## （三）需求分析的调查工具及整合应用

需求分析的调查工具很多，这里先论述常用调查工具的操作方式及其优缺点，再总结使用这些工具时的注意事项，以及怎样整合利用这些工具。

### 1. 调查工具

（1）文献研究

文献研究的目的是帮助需求分析者学习总结前人的经验，少走弯路，也获得一定量的需求分析信息，为将来的分析打下基础。文献研究的内容通常分为两类，一类是方法论文献，一类是信息文献。方法论文献指涉及需求分析方法和理论的文献，主要是从分析方法和分析哲学的角度为分析者提供指导。信息文献指包含与调查内容相关的文献。例如，分析者想了解一位驻外记者应具有怎样的素质，就可以通过阅读这名记者的传记和各种报告获得部分信息。这些文献研究的结果可以和随后的实际采访调查相互检验，确保调查结果的有效性。

（2）从业者与非从业者的直觉

直觉（intuitions）是指当我们询问某人，在目标情境中会用到哪些语言需求时，他根据自己的经验和理解快速给出答案。这是根据他自己头脑中的印象给出的答案,没有经过任何实证的检验。这种凭直觉给出的答案有时可以为以后的调查指明方向,但使用不当也会产生误导。目前有关从业者与非从业者直觉的研究很少,但已有的少数研究似乎都在说明从业者对本行业职业需求的直觉似乎优于非从业者(Long,2005;Lamotte,1981)。不过对于具体某个行业的职业语言需求,从业者的直觉与非从业者的直觉似乎都靠不住,通过观察得到的数据与他们的直觉间有较大差异。Lamotte 把她自己凭直觉想到的内科医生和病人间谈话的数据,和她随后在医院录音的内科医生和病人的真实谈话相比较,发现她的语言直觉是非常不可靠的,虽然她已攻读了一年的应用语言学硕士,而且作为一名合格的内科医生已经五年了。相反,她对任务的直觉被证明是相当准确的①。

(3)访谈

访谈是指调查者带着问题,对被调查者进行有目的地调查、询问,并获取目标信息的活动。它是一种比较成熟,运用广泛的调查手段。McConnell(2003)对访谈的步骤有详细建议。访谈开始前,需要完成如下工作。

第一,谁是你的访谈对象,你是否了解你的访谈对象,他是否能提供你需要的信息。

第二,计划访谈目标。作为访谈的总目标是很明确的,就是需求分析,但是对于不同的访谈对象,应该设计更具有针对性的访谈目标。

第三,设计问题和排序。通常的做法是把想要获取的信息列表,然后在每个信息条目下设计问题,这样就不至于漏掉任何你希望收集的信息。

在设计问题时,有几点需要注意:①保证问题与访谈目标相关联。②避免那些能用一个词回答的问题。因为一个词的答案在访谈中信息量十分有限,你往往不得不追加问题。这样的访谈就像一种追问,而不是愉快的沟通,不能帮助被访者开拓思维,发现更多有价值的东西。③避免带有隐性答案的问题。例如,你如果问:"一般我们都认为多看英文原版专业杂志能帮助提高英语阅读水平,你怎么看呢?"这样的问题中,被访者会被你诱导。如果换成"你怎么看待阅读英文原版专业杂志对英语阅读的作用?"可能会得到更多信息。④保持所有问题的中立性。

---

① 严玲著.专门用途英语课程建构[M].北京:中国传媒大学出版社,2011.

任何问题设计都不应有赞成或贬低的倾向性。⑤用问题来鼓励被访者发现自己的答案，而不是程序化的常规回答。比如，你问："怎样才能学好专业英语?"可能会得到一个一般性的答案:多听说读写。而如果问:"你平时都做了哪些来提高专业英语水平?"就会得到个性化的回答，了解到真实、具体的情况。⑥给问题排序。访谈开始可以是陈述访谈目标，接着的第一批问题是对访谈目标的延伸，被访者应该能跟上你的逻辑顺序。刚开始提一些简单的问题，当被访者进入状态后，再提一些难的问题。⑦设计一个总结性问题。这不是必要的步骤，但可以帮助你提示被访者让他对整个访谈的内容做一个总结。总结性问题应该要求一个相对短的回答，而且能对信息提供一个概括。例如，"请总结一下你对教师的要求"，"用一句话描述一下你理想中的专业英语教师"。⑧采用访谈计划表，帮助你保持资料的完整，如表 9-1 所示。

表 9-1　访谈计划表

目　　标:＿＿＿＿＿＿＿＿＿＿＿＿＿＿＿＿＿＿＿＿＿＿＿＿

采访者:＿＿＿＿＿＿＿＿＿＿＿＿＿＿＿＿＿＿＿＿＿＿＿＿＿

被访者:＿＿＿＿＿＿＿＿＿＿＿＿＿＿＿＿＿＿＿＿＿＿＿＿＿

时间、地点:＿＿＿＿＿＿＿＿＿＿＿＿＿＿＿＿＿＿＿＿＿＿＿

访谈问题及回答:＿＿＿＿＿＿＿＿＿＿＿＿＿＿＿＿＿＿＿＿＿

＿＿＿＿＿＿＿＿＿＿＿＿＿＿＿＿＿＿＿＿＿＿＿＿＿＿＿＿＿

＿＿＿＿＿＿＿＿＿＿＿＿＿＿＿＿＿＿＿＿＿＿＿＿＿＿＿＿＿

＿＿＿＿＿＿＿＿＿＿＿＿＿＿＿＿＿＿＿＿＿＿＿＿＿＿＿＿＿

＿＿＿＿＿＿＿＿＿＿＿＿＿＿＿＿＿＿＿＿＿＿＿＿＿＿＿＿＿

＿＿＿＿＿＿＿＿＿＿＿＿＿＿＿＿＿＿＿＿＿＿＿＿＿＿＿＿＿

第四，设计访谈时间表。时间表设计包括访谈时间、地点、访谈顺序的设计。因为你的访谈对象可能不止一人，所以先访谈的那个人一定要对以后的访谈有所帮助。预估访谈时间，要打出 50% 的富余时间量。例如，你计划一个问题用 2 分钟，如果有 20 个问题就是 40 分钟，再包括你提问等一些零碎时间 15 分钟，就是 55 分钟。这时再有 50% 的富余量约 28 分钟，所以 20 个问题的整个访谈时间就是约 90 分钟。另外，在时间表上，还要标出你整理访谈记录的时间。这个时长通常等同于你访谈的时长。第二步要挑选合适的地点。你们的访谈不应该被频繁地打扰，被访者应该身心放松。

访谈开始后,应做到如下。

①陈述访谈目的,告诉被访者你需要怎样的信息,访谈的结果怎样应用。

②开始提问前,先询问被访者有什么问题,澄清一切妨碍访谈的疑问。

③告诉被访者你会做笔记。笔记能让被访者觉得访谈重要,访谈后要立刻整理笔记。你不必在被访者回答问题时记下他说的每个字,而应在他回答完之后,记录下他答案的要点。所以,访谈过程中,关注你的被访者,保持交谈的氛围,帮助他开拓思维。

④不要评论被访者的回答,保持中立。

⑤保持灵活性。无论你如何精心准备问题,也会得到一些与问题目标无关的回答。这时可以换一个问题,但要记住自己的目标。对于一些开放性的问题,你可能得到出乎意料的答案,这时可以追加问题深入你的访谈。

⑥提出总结性问题,并告知被访者访谈结果的用途。

⑦结束访谈。再次询问被访者是否有问题。回答他的一切疑问,并向他致谢。记住不要评论他的回答,始终保持中立。

访谈结束后,你需要立刻整理笔记,把关键词拓展成详细的描述,并安排好接下来的工作。访谈时应注意采访者和被访者在价值观、信仰、所处角色方面的文化差异,注意对敏感话题的把握,对评论和真实性的把握。通常如果采访者的社会文化背景、性别、种族等与被采访者一致时,能收到更客观、更有效的访谈效果,尤其是谈论敏感问题时。为了过滤掉自己的主观想法,采访者也可以从不同角度,以不同方式问同一个问题,发现被访者真实的想法。

虽然非结构性访谈是耗时的,数据处理比问卷复杂,但访谈可以深入问题的内部,可能会有预料不到的发现,而这种发现正是那些事先安排好问题的结构性访谈、问卷、调查所不能做到的。非结构性访谈结束后,它所产生的数据可以用来设计半结构性或结构性访谈。与非结构性访谈不同,结构性访谈的问题事先由采访者拟好,从极端意义上说,它只是一个口头问卷,又称为"访谈表"(interview schedule),因为它类似于电话访谈或登门拜访的填表式调查。但结构性访谈的优点是操作便捷,数据处理容易,因为所有问题已经进行了标准化处理,也便于比较不同被访者的数据。Mackay(1978)指出结构性访谈优于问卷的三个优点:

它允许采访者确认没有漏掉任何问题,可以澄清任何被误解或模糊的问题,可以通过回答发现被访者的兴趣点,而这些兴趣点是问卷设计时不可预见的。

(4)问卷调查

在执行问卷调查前,必须先确定样本。抽样的关键在于怎样抽取样本,才能保证调查分析的高效率、高质量。非随机抽样包括如下几种。①便利抽样(convenience sample),指抽取的样本是那些愿意参加调查、获取容易的信息源样本。这种抽样的问题是,被抽取的样本不一定是目标群体的典型代表。②立意抽样(purposive sample),指专门抽取针对调查目标的,具有典型代表性的样本,但要对其实施调查可能会遇到一些困难。

随机抽样指按人数随机抽取。但如果需抽取的人数众多,则时间成本和实施成本都很昂贵,所以可采用简化的系统随机抽样法(systematic random sample),即从样本框架中按字母顺序、年龄顺序等有规律地抽取。但这样的抽取可能无法覆盖所有具代表性的人群,所以可再优化一下,使用分层随机抽样(stratified random sample),即按比例从具代表性的人群中系统随机抽样。但抽样中的另一个问题是,在实施过程中如何确定样本群的问题。比如,有些相关样本的名单你可能拿不到。如果出现这种情况,就只能采取退而求其次的办法,采用整群抽样(cluster sample),即从可以拿到名单的样本群中抽取。

信息收集型问卷的问题类型有四种。①客观反馈型。能用"是"或"不是"回答的问题。②选择反馈型。每个问题有几个选项,选择其中一项作答。例如,你每周课外平均花几小时学习英语? A. 0 小时/B. 2 小时/C. 4 小时/D. 6 小时/E. 超过 6 小时。③分级反馈型。每个问题有一个描述性或数字型的量表来反馈。例如,专业英语课的内容重心应是专业发展前沿的信息。A. 很赞同/B. 赞同/C. 还可以/D. 反对/E. 很反对。④陈述反馈型。问题的答案要求被调查者自己书面陈述。例如,描述一下你理想中的专业英语课目标。

问卷调查中,客观反馈型、选择反馈型、分级反馈型问题占多数,因为其结果容易处理,但其缺点是限制了答案的多样性。书面陈述题的优势是可以获取更多信息,但结果较难处理,因为每个人的答案都不一样。即使只有一两道这样的题目,如果调查人数众多,结果处理就变得相当困难。一个可取的做法是,挑选几个关键词,给每个关键词赋予一个权重,统计他们出现的频率,计算最后的分值。

信息收集型问卷设计步骤如下。

①陈述问卷的目的和问卷结果的用途。

②找出需要收集信息的领域,记住你可能要问不同的人、不同的问题来收集有关同一个主题的信息。

③设计问题。问题的提问和回答都应该简单,不包含暗示性答案,不提双重答案问题,如"你的学生能够理解你的英语演讲,并在必要时向你提问吗?"这里就包含了两个问题。如果回答是"能够",你无法分辨他是"能够理解演讲",还是"能够提问"。也不要问过分复杂或技术性的问题。避免模糊和抽象性问题,如"你觉得读英语很难吗?"不提敏感或威胁性问题,如"教师应该布置大量课后阅读作业,并计入总评成绩吗?"不要问一系列答案可能一样的问题。

④问题排序。使问题保持一定的逻辑顺序,但这种排序不能暗示出你倾向性的答案。

⑤人口统计学信息。有些人口统计信息比较敏感,可能妨碍被调查者对问卷的态度。所以,可以采用选择题的方式,如你属于哪个年龄段:$10 \sim 22, 23 \sim 27, 28 \sim 30, 31 \sim 35$ 等。

⑥预测试。在正式调查前,可以找几个人先做一遍问卷,检查问题的效度如何,在提问、用词、说明上是否有任何混淆处。可以让被试告诉你他们遇到的问题,便于你改进问卷。

问卷在一项调查中可以多次使用。例如,第一次针对一些总体性、方向性问题提问,被调查者可以是一些与政策、方向制定相关的人;第二次则可以针对一些具体问题提问,被调查者可以是 ESP 课程的实际参与者。总之,在调查中,应始终关注调查内容和顺序间的关系,使前后调查有序进行,互为检验,互为反馈,提高调查的效率和质量。

问卷的优势在于它可以产生大量有针对性、标准化、有组织的数据,是一种快捷、便宜的调查方式。而且它们用匿名完成,题目和选项都经过预测、检验,较少掺杂采访者的偏见,因而程序上显得比较客观。但它的缺点是回收率的不确定性较大,反馈的信息和类型由于受到题目篇幅的限制,可能不够全面。从某种意义上说,非结构性访谈的目的是发现问题,而问卷则是假设被采访者具有回答这些问题的能力,因而用他们来测试这些问题的解答设计是否合理。

（5）语言旁听

访谈、问卷通常提供了个人或社会团体主观的需求信息，而语言旁听则是将语言使用的目标情境作为研究对象，通过介入其中或不介入其中的观察，发现语言和行为要素是怎样运作达到目标的。Coleman（1988）认为语言旁听应先于访谈、问卷进行，因为通过旁听可以发现哪些人与目标任务密切相关，他们在目标情境中都发挥着怎样的作用，由此可以确定需求分析的相关人选。语言旁听的作用还表现为，通过对工作描述和情境语言使用记录的分析，可以分析出机构和任务所要求的，符合目标情境，能顺利完成任务的语言技能表现。那么只要对学习者进行语言测试和自我评估，对比得到学习者现有语言能力和目标语言能力的差距，就能快速地找到语言培训的量和形式的方案，发现学习者的弱点所在，同时对 ESP 语言培训的目标也有了更清楚、更直观的认知。语言旁听的优势在于研究者可以直接地、深度地，在实际情境中研究任务参与者的工作行为，了解自然状态下他们的活动兴趣。所谓自然状态，就是他们并没有意识到有人在观察他们的工作。

语言旁听经常和参与者、非参与者观察相结合使用。参与者观察，指调查者作为目标情境工作的一员，与其他职员一起工作时所做的观察。而非参与者观察，则是调查者作为旁观者，并不参与目标工作时做的观察。参与者观察与非参与者观察相比，调查者能意识到更多作为非参与者观察时未意识到的资源，如电话记录、短信等。因为只有投入其中工作，才会发现工作中哪些内容在起作用，起何种作用。但作为参与者的劣势在于，可能会由于对工作的投入，而失去了观察者的视角和客观，所以这也是鱼和熊掌不可兼得的事情。

调查者在观察时，可以悄悄录音、做笔记、录像，来留意人们的语言、兴趣、态度、交际习惯。在观察过程中，应将观察者出现的影响度降到最低值，使人们能表现出平时的自然状态。每日观察完毕后，应及时总结各方面的关键信息，以及自己的感悟。遇到疑问，及时询问相关人员。观察完毕后，可以向有关人员提出自己需求分析和语言培训内容设计的初步想法，征询他们的建议。

（6）交流日志

自从 20 世纪 80 年代开始就有日记、周记、日志作为教育调查手段的研究（Long，2005）。"对话周记"（dialog journals）是学生定期上交他们写作的关于课内外经历的随笔，教师对其内容而不是语言形式进行反馈。这一方式被证明对写作课有较大帮助(Spack & Sadow,1993)。对于需求分析而言,日记、周记和日志不仅能让教师实时跟踪学生的语言应用情况,还能洞察学生的兴趣、价值观、学习动机等深层次的需求问题。这些记录可以用录音或书面形式,可以记录每天或每周的语言使用情况。它们就像每位学生的一份自我语言旁听,不仅能帮助学生意识到自己的问题,还可以帮助教师了解学生情况,强化师生间的互动。在ESP 课程中,这些记录与专业领域的任务息息相关,通过对这些记录的语言使用和任务经历的评估,教师无形中收集了大量需求分析的信息,不失为教学进行中的一种良好的需求分析方式。同时这些记录也能成为一种形成性评价。但这一活动的缺点是,无论教师还是学生都需要花费相当的时间才能保证这项工作的顺利进行。

(7)测试

测试在需求分析中主要用来评价学习者的语言和任务执行力水平。在 ESP 领域中有关测试的争论从未间断。人们质疑的焦点是 ESP 测试是语言导向型测试,还是任务导向型测试。虽然语言领域的大多数学者仍然认为测试的信度是第一位的,但有越来越多的人开始注意采用任务型的注重效度的测试。对于 EGP 来说,由于没有具体任务目标,所以语言导向型测试便无可争议。而 ESP 存在明显的任务目标,ESP 一直努力的核心就是能让学习者运用恰当的语言交际,成功地完成任务,所以不少学者认为 ESP 测试不仅应测试语言能力,还应测试真实世界中完成真实任务的能力。但这种说法备受争议。因为完成怎样的任务,成功完成任务的标准是什么都难以量化,难以达成共识。

目前,一个无可争辩的事实是,仅仅涉及听说读写能力,不与任务相关联的 ESP 测试显然需要变革,因为 ESP 要求的交际能力一定是与任务相关的、与具体情境相关的。所以,作为需求分析中的测试,应当是以具体任务为基础的,其测试标准不应只有语言标准,而应增加任务执行力标准。但反对者认为,任务执行力标准与语言的相关度值得讨论。因为即使用母语,也会出现有的人虽然语言能力欠缺,但可以运用良好的推理能力、思辨能力、人格魅力、交流技巧出色地完成任务。所以,孤立地把语言作为测试标准不行,但过分强调任务执行力也不行,二者的有机结合才是出路。实践表明,这样的尝试非常艰难。McNamara(1996)就发现在澳大利亚为移民进入医疗系统服务进行的职业英语考试中,考生的考场表现评价和随后他们在工作中的表现仍有差别,即使这一考试是一项标准化的执行力测试,而且其测试标准是由专职医生和语言学家一起制定的。出现这一差异的原因,一个可能是任务虽然相同,但测试时的情境比实际情境简单得多,所以任务被简化了(Jacoby & McNamara,1999)。第二个可能是因为考场的评价标准和实际情境的评价标准存在差异(Elder,1993)。在任何不同场合,任务的执行评价都会不同,所以如果按实际的任务来确定评价标准几乎是不可能的事情。而且不同的人对任务完成的评价也会不同。所以,探讨怎样建立"以建构为中心的评价"(construct-centered assessment)是个问题。Long(2005)提到完成这一评价体系需要解决的一系列问题:完成任务所需的普通知识和能力可以被鉴别和测量吗? 其结果能用来预测在真实世界中完成任务的表现吗? 在何种程度上那些数据能预测学生有能力完成具有同样性质的任务呢? 如果没有概括性,这项任务测试将相当烦琐,操作几乎不可能。另外,需求分析者必须将他们的评价关注于学习者完成任务的能力吗? 这些问题的提出,似乎让人们意识到,如果 ESP 测试在朝这一方向发展时,不能提取关键性的考核要点,不能发现最基本的任务能力,不能抛弃追求完美的理想,那么将完全颠覆现在以学科为分类的测试体系,也可能成为永远不可能完成的任务。

(8)工作分析网访谈

工作分析网访谈(job analysis grid interview)的出现,是为了弥补一般信息收集访谈的缺陷。因为一般访谈时的反馈,通常代表了被访者的主观意见和感觉,有些难免与客观现实相违背。所以,为避免这种主观感觉的偏差,可采用工作分析网访谈,发现真正客观存在的工作需求。但这种访谈并不适宜已开设的课程在改进时使用,只适合第一次新开课。

该方法起源于一种综合性的人类行为调查法(Repertoire Grid),工作分析网是一个鉴别工作需求的版本。与传统访谈相比,这种访谈所提的问题通常与调查目的不直接相关,但对这些问题的回答,有助于分析者设计未来需要与工作直接相关的问题。它比传统访谈需要更多时间,采访者需要更多的技能训练。它的结果可以和一般访谈的结果做交叉验证,发现真正的需求。

McConnell(2003)曾举过一个工作分析网访谈的例子,说明工作分析网访谈技巧。这个例子是调查公司总监应该具备怎样的能力,才能成功地胜任工作。其具体的调查步骤如下。

①准备活动。访谈开始时表明访谈目的,询问被访者是否有任何问题,简短描述一下访谈进程。

告知被访者:"我会问你一系列问题,请你告诉我对这些问题的第一反应,我会把它们记录在卡片上。"无论被访者对一个问题有多少种回答,都记录在一张卡片上。一个问题,一张卡片。

②启动型问题。询问被访者关于工作的问题。例如:

你来公司的第一个月发现什么让你吃惊的事情吗?

在公司工作的三个最好的特点是什么?

你最想改变的三件事情是什么?

用三个词描述你在这里的工作。

把这些问题的回答都记录在卡片上,并用1～2个关键词总结每个回答。

③答案穷尽型活动。把记录了答案的所有卡片混合起来,随机抽出三张,让被访者从中挑出两张共性多的,把挑剩的一张拿走,让他说明这两张的共性是什么。这时你要给被访者足够的时间,让他思考答案,然后你把他的新答案记录在另一张卡片上。如果他的答案中有已经提到过的关键词,你不必再记录,只需要记录新的关键词。把新记录的卡片放在一边。再用以前回答问题的卡片重复这个过程,直到你发现再也没有新的关键词为止。有时被访者不会使用你记录的那个关键词,但只要含义一样就意味着是同一个词。但一定注意,你总结时用的那些关键词,一定要反映被访者的想法,而不是你希望得到的某个词,这样才能保持信息的准确性。

④排序。把新得到的卡片和旧卡片混合起来,对被访者说:"这些是你提到的所有观点的关键词,请你按重要程度为它们排序。"当他排完序后,再问他:"还有什么重要的能力,你认为应该拥有,而这些卡片上却没有?"把他补充的回答写到新的卡片上,然后让他按重要程度把这些补充卡片插入序列中去,直到他觉得满意,没有新的答案为止。然后你把这些排序记录下来。

⑤分组。你要求被访者将这些卡片分组,第一组是"必需的品质",第二组是"想通过培训等获得的品质",第三组是"不一定必要的品质"。尽管有三个分组标准,但被访者不是必须把卡片分为三组,可以按照自己的观点分为一组或两组。总之,是反映他的观点。最后,将这些分好组的卡片用皮筋捆上,并标注上每组的分组标准。不要忘记感谢被访

者,并询问他是否还有问题,告诉他调查结果的用途。

⑥数据处理。收集来的卡片首先按组赋值,如必需的品质(6分),想要的品质(4分),不一定必要的品质(2分)。写上每张卡片的赋值,把他们每个人的回答记录在下表中。如果有新的回答,就添加到主题一栏,如果和别人的主题一样,就直接记录分值。如果有人未提及这一主题,那他在这一主题的分值为 0 分。通过计算平均值,我们便能知道某项能力的重要程度。具体示例见表9-2。

表 9-2  工作分析网访谈结果示例

主　　　题:总监的能力
参与小组:经理层
参与人数:3 人

| 主题 | 第1人 | 第2人 | 第3人 | 平均值 |
| --- | --- | --- | --- | --- |
| 领导力 | 6 | 6 | 6 | 6 |
| 灵活性 | 6 | 4 | 5 | 5 |
| 书面沟通 | 4 | 0 | 2 | 2 |
| 口头沟通 | 6 | 6 | 6 | 6 |
| 员工家庭情况 | 0 | 4 | 0 | 1.3 |
| …… | | | | |

因为工作分析网访谈过程比较复杂,所以只能选择有代表性的个别人参与,不可能大规模做。但它的结果客观真实,可以指导以后的问卷设计。

## 二、专门用途英语课程教学目标

在大学英语体系中进行 ESP 的改革势在必行,但不是仅仅增加课时、增设内容这样简单的事。要想保证 ESP 教学茁壮健康地成长,必须明确 ESP 教学在高校中的位置,并给予其准确定位。

### (一)ESP 课程教学是建立在需求分析基础上的教学

大学英语是继中学英语后的一门语言基础课。教学内容秉承我国文理分科的教育传统,以文学内容为主,强调技能训练;而大学生已经开始了专业化的学习,学生学习内容与大学英语教学内容长期脱节,无视学生的真正需求。很多大学生把学习英语的目的定为大学英语考级,顺利拿到学位。这种功利性的学习目的会使大学英语课成为大学课程设置的"鸡肋"。ESP 课程的开设是建立在认真分析学生的学习需求基础之上的课程,关注学生需要,以应用性为主,这是 ESP 课程最主要的优势之一。

在经过了对学生的需求分析之后,ESP 课程的开设会激发学生的学习兴趣和激励学生的学习动机。长期以来,单纯的基础英语学习不足以应对日后实际工作的需要,学生没有学习的动力,也就失去了学习的兴趣。学生的学习需求得到满足之后,会主动地学习相关知识。这不仅有利于学生大学英语的学习,而且有利于他们专业课的学习,特别是一些双语教学的课程,可以为学生的专业学习打开更为广阔的发展空间。

## (二)ESP 教师仍旧是语言教师

ESP 教师不论采用何种培养方式,也无论 ESP 教师原来的专业是什么,ESP 教师自身的定位仍旧是语言教师,而 ESP 教师不同于一般大学英语教师之处在于他们传授的是以专业知识为依托的语言知识。ESP 教师在自身的努力下,不仅具备了专业知识,而且还精通语言知识,在 ESP 的授课中便能如鱼得水。他们采用语言教学的基本方法,是以专业知识为依托,传授专业英语的词汇、语法、篇章知识,并指导学生用英语撰写论文,做科学报告,发表科研论文,在将来的学术发展道路上为学生打下基础。

目前,ESP 教师的培养仍旧存在很大的困难。学校难以建立相应的扶持体系是 ESP 教师培养问题上的最大难题。学校要实施相应的政策细则,保证 ESP 教师得到相应的发展空间,解除 ESP 教师的后顾之忧,要使其能够全身心地投入教学工作中去。学生要尽量理解教师,配合教师的教学,向教师咨询问题时以语言问题为主,不要拿专业问题来刁难教师。在各方面的努力下,ESP 教师可以准确找到自己的位置来适应 ESP 教学。

## 三、高校专门用途英语课程设置现状

1988 年 3 月至 12 月,北京外国语学院英语系受国家教育委员会的委托,对全国高等院校本科英语教育情况进行了一次大规模的抽样调查,被调查的高校共 29 所,学生 3785 人,教师 519 人。该项调查由刘润清、吴一安教授负责。他们分别对教师队伍、教育质量评估、学生英语水平、教学管理、课程设置等五大内容进行了问卷调查、抽样调查等,并根据具体指标的得分加权之后,计算出各项大指标的得分。这一调查为我国外语界提供了一组较为翔实的数据和资料,也提出了目前我国外语界所面临的亟待解决的问题。

该调查对课程设置一项调查的结果表明,当时对英语专业课程的设置存在一些争论,争论的焦点是开设专业方向的英语课程,即我们所说的专门用途英语课程。该调查认为产生这一变化的根本原因有两个:一是改革开放以后,社会组织结构有了新的变化,用人单位对英语专业的毕业生有了新的要求,即希望英语专业的学生除了精通英语以外,还掌握另一种专业(如外贸、旅游、法律等)的基础知识;另一原因是学生的意识发生了变化。世界已经进入信息时代,社会对人才需求发生了改变,他们对文学、语言学、文化等不再像以前那么感兴趣,取而代之的是对贸易、经济、新闻、法律、旅游等产生了浓厚的兴趣。

为了适应这一变化,部分高校纷纷开始重新规划专业课程的设置。但开始阶段的专业课程设置是盲目的、非系统化的,更无任何科学依据。这种盲目性与工具化导致了许多高校开设了一些急功近利式的英语课程,希望学生在尽可能短的时间内掌握从事某种行业如外贸、旅游、酒店管理等,所需要的英语,但往往是根本无法达到预期的效果,甚至是事与愿违。2005 年 11 月在浙江大学宁波理工学院召开的浙江省外文学会上,就展开了一场关于外语专业教学发展方向的大讨论,其中最主要的讨论焦点是专门用途英语是否会成为今后我国外语教学的发展趋势与必然①。事实上,不仅仅是理工类院校,一些综合类院校的英语专业也存在类似问题。

---

① 张亚锋,刘思佳,万镭. 专门用途(ESP)英语教学的探索研究[M]. 西安:西北工业大学出版社,2019.

经过近十年的建设和发展,该院在 ESP 课程设置上日趋合理与完善,但同时存在的问题也是显而易见的,也是大部分高校的专门用途英语课程设置中普遍存在的。

(1)课程设置不全面,至少一个专业模块的课程不全面,如外贸专业的课程。

(2)课程设置没有连续性。

(3)各课程之间无一定的关联性。

(4)程与学生需求之间有很大出入。

值得一提的是,许多高校外语专业的研究生教学中也纷纷设置了专门用途英语方向。以宁波大学外语学院为例,自 2002 年招收研究生以来,每年均有约 1/4 的学生选定专门用途英语方向。

专门用途英语方向所开设的课程主要是专门用途英语的理论与实践课程,也包括专门用途英语的基础研究方法等。该方向的课程设置与讲授方法、培养目标与培养模式等尚处于探索阶段,无任何经验可借鉴。但与本科生的专门用途英语教学有机的衔接是顺利进行研究生该方向教学的基础与关键,这一点是显而易见的。研究生阶段除了应开设帮助学生巩固其在本科阶段所学的专业知识与所掌握的语言基本技能外,还应根据 ESP 方向研究生的实际需求和社会需求开设大量的、系统的、可供选择的选修课程,尤其是有利于提高研究生的语言实际运用能力以及与其专业方向知识相结合的课程。而本科专门用途英语课程开设的单一性、无系统性从很大程度上阻碍和限制了研究生该方向教学的发展。同时,在研究生的培养过程中,除了完善本科教学外,应着重认真考虑以下问题。

(1)研究生的培养目标在满足学生需求的同时是否符合时代与社会的需要。

(2)课程设置与教学体系的建立是否完善并符合培养目标。

(3)研究生的培养目标是否与学生自身的奋斗目标紧密结合等。

学生在进入大学时已经具有相当水平的英语听、说、读、写等方面的基本技能,但在进入大学后,在基础阶段即一、二年级却仍然在接受这些基本功的训练,到了高年级阶段才开始接触专业英语,因而在大学中普遍存在"内容重复引起的学习不满、懈怠和学习兴趣下降、动力不足的状况"(戴炜栋,2001)。

蔡基刚教授(2004)多次撰写论文,强调课程设计和教学大纲制订过程中的主要参考因素：参与的人（包括教授者和学习者）、必要性以及如何实施等，同时阐述了影响大纲等制订的社会和政治因素，如教育因素、劳动力市场对人才的需求模式、现代化的进程如高新技术、信息技术的进步与发明，以及人们对待语言教学的态度等等。

继而，Fraida Dubin 和 Elite Olshtain 又从微观的角度探讨了制订课程设计和教学大纲时应考虑的全局性问题，如目前的教学状况，即师生的水平状况、教材的使用情况以及目前正在使用的大纲等情况，从而扬长避短，制订出切实可行，同时又能达到承上启下作用的新的大纲。这一环节中，他们认为如何根据目前的教学状况来确定教学目标和目的，如何对现有的师生状况、教材现状、教学方式等进行详细的调查和研究是至关重要的；

另外，Fraida Dubin 和 Elite Olshtain 还认为课程设计和教学大纲的制订应当有其正规的程序：应当设立课程设计和教学大纲编写委员会（curriculum advisory committee），他们根据社会实情调查的结果首先制定出编写规则或指南（guidelines），然后由教师委员会（teachers' committee）来具体制订和实施。换言之，这一过程首先要求将社会需求和期望转换成可操作、能达到的目标，然后由教师将其具体制订出来并加以操作和实施。

关于 ESP 课程的设置，还有一个很重要的观点，也是一直以来对 ESP 课程设置及大纲的制订起着指导作用的观点，即以学习者为中心的理论。专门用途英语顾名思义是有着某种特殊用途或目的的英语，是为了满足学习者特殊需求的，因而各课程的设计应考虑学习者不同的特殊需求，以学习者为中心制订教学大纲、设计教学方案和精度等。诸多教育学家撰写了大量的论文或著作，强调了以学习者为中心来进行课程设置的重要性和必要性。其中 David Nunan 的著作 *The Learner Centered Curriculum*（1988）全面而系统地论述了课程设置中以学习者为中心的理论依据。

（1）Adults who value their own experience as a resource for further learning or whose experience is valued by others are better learners.

（2）Adults learn best when they are involved in developing learning objectives for themselves which are congruent with their current and idealized self concept.

（3）The learner reacts to all experiences as he perceives it，not as the teacher represents it.

（4）Adults enter into learning activities with an organized set of descriptions and feelings about themselves which influence the learning process.

（5）Adults are more concerned with whether they are changing in the direction of their own idealized self-concept than whether they are meeting standards and objectives set for them by others.

同时 Willing（1985）也认为：

Adult learners vary markedly in their attitudes towards learning, their preferred learning styles and their perceptions of what is of value and what is not.

由此可见,学习者的学习兴趣、自身经历是影响学习效率的关键,而每个学习者的兴趣、能力、经历等又各不相同,这就决定了学习过程应当是以学习者为中心而不是以学习内容为中心的。

由于 ESP 课程的特殊性,在设置的过程中除了一些普遍要素外,还应着重考虑 ESP 课程的特殊要求以及 ESP 课程的特殊属性。虽然目前尚未制订出明确的、规范的 ESP 教学大纲,但 ESP 课程的设置还应当以一定的理论为基础、为指导,遵循一定的设计原则,从而设置出适合 ESP 教学发展的课程体系。在计算机普及以及网络普及的今天,课程的设计应充分利用网络的便利。

## 四、专门用途英语课程设计的原则

ESP 课程教学模式的设计应结合 ESP 课程的特点,并遵循一定的原则。其中最重要的一条原则是,应避免这样一种现象,即课件、网络的使用只是更换教学媒介而已,未对教学产生任何实质性的影响,多媒体的使用的确使教学信息更为直观和形象,也为学习者提供了前所未有的巨大信息量,而一些课件的制作、授课的方式仍以教师为中心,这样网络的教学特性就没有体现出来,网络的多种教学功能也就很难发挥出来。

ESP 成败的关键是 ESP 课程设计中学习者需求分析,它包含两个层面。

（1）分析学习者学习英语的动机和效果，包括学习者在各种环境下心理状况和工作情况的影响，即目标需求。

（2）分析学习者在未来的工作和学习中需要具备语言技能和知识，包含掌握的方法、程度等，即学习需求。

在分析学习需求时，教学环境对学习者的影响也不容忽视，他好酷哦师资力量、学校设施、教学形式等多方面因素。

原则之二是，课件的制作应考虑学生的兴趣，应以学习者为中心，并给学习者"留有余地"，即不是一味地详尽陈述某一章节的全部内容，而是结合每一课的不同特点，给学生留出提问、思考、讨论和查找更多更详细相关资料的时间和机会，将课堂教学变为以多媒体教学设备为辅助手段的师生间互动、学生间互动的动态过程。另外，教师可将学生的作业发布到网上，大家可相互交流、切磋，并发表自己的建议、感受等。可让学生在网上联机展开讨论、相互评价。

因此，教学模式及课件制作的改革，一方面直接决定了教师和学生在教学过程中的定位和作用；另一方面，学生在网上交流的过程中又能发现自身优劣势，更好地完善自我。

采用期末考试和平时成绩相结合的方式，遵循激励主动的原则，将综合成绩按比分配。但是各学科统一规定占比多少，也从某种程度上忽视了学科间的差异性。

## 五、专门用途英语课程设计的方法

在对课程设计之前，选题是至关重要的，选题直接影响到课程的教学内容、教学活动的安排和课堂活动的组织等，在确定了选题内容后，方能确定设计的方法和步骤。

首先，充分利用多媒体、网络等手段优化课程、课件。课件的主要内容包括关键词、框架、具体描述等，配合图表、案例，使层次更加清晰、内容更加充实具体。通过这样的方式，使原本枯燥难懂的课程变得生动有趣。

其次，选择适当的授课方式。课件的制作完成并不表明教学任务的完成，如何结合多媒体教学手段，合理使用课件是 ESP 课程教学过程中的一个重要环节。因此，教学方式的设计、课堂内容的安排、课堂活动的组织都至关重要。学生在课件的帮助下、在教师问题的引导下,充分展开讨论,从而总结出规律并自主得出结论。

最后,要重视作业的个性化布置。根据学生不同的知识水平、接受能力、兴趣风格,制定差异化的学习策略和作业安排。因此,教师可以划定一个范围,让学生自主挑选感兴趣的章节进行深入研究,学生可以递交不同的作业。这种形式重视学生的个性化发展,增加学生动手动脑能力,挖掘学生创造力与潜力,从而促进学习效率的提高。

# 第三节　专门用途英语教学实践

## 一、旅游英语简述

旅游(Tour)一词来源于拉丁语的 tornare 和希腊语的 tornos,原意为"围绕一个中心点或轴的运动;车床或圆圈",后演变为"顺序"。词根 tour 的不同后缀也有其不同的意思,但各个意思都表明旅游是一种往返的行程,完成这个行程的人被称为旅游者(Tourist)。相应地,旅游英语主要是针对商务工作过程中所涉及的旅游展开研究的。

因为旅游产业由多种产业构成,如交通业、餐饮业、住宿业、娱乐业等,是一个群体产业,形式多样而且分散,所以旅游这一概念存在模糊性。对于旅游的定义一直处于不确定的状态,直到 1955 年,世界旅游组织给旅游下了明确的定义,即旅游是人们为了休闲、商务和其他目的,离开他们惯常的环境,到某些地方去以及在那些地方停留的活动。世界旅游组织明确的这一旅游的定义受到了普遍的认同,但对旅游的定义并不止这一种,不管那种定义都无不包括三方面的要素,即出游的目的、旅行的距离和逗留的时间。

与法律英语、科技英语、商务英语类似,旅游英语本身属于专门用途英语的一部分,因此无论在用词、选句还是语篇组织上,旅游英语文本都有自身的语言特点,并且这些层面也更能体现旅游英语翻译的复杂性、综合性与跨学科的特征。

## （一）旅游英语语言特点的表现

### 1. 词汇特点

词汇的特点可以从三个方面来分析。

第一，多使用形容词。这是因为形容词使旅游英语文本的语言丰富、生动、优美，对旅游爱好者产生巨大的吸引力，而形容词的最高级则更加突出了景点或文化的与众不同，给读者留下深刻的印象。

第二，采用褒义词。正是因为旅游英语文本的最终目的是要引起听者、读者的共鸣，引发积极联想，所以作者不会采用任何贬义或负面词语来进行描述。

第三，常用数字来增强宣传内容的可信度，更准确地传递信息，实现信息功能。另外需要注意的一点是，口头导游词多使用人们熟知的词汇，简单易懂；而书面宣传材料多选用书面用语，语气较为正式。例如：

Many of the grandest Las Vegas casino hotels are located along the strip. More than a dozen giant theme oriented casinos are on the strip. Even the smallest has over 2 000 rooms. Each one contains thousands of slot machines, hundreds of gaming tables, multiple restaurants, shopping malls and theaters featuring "Las Vegas Shows".

赏析：

这段文字中，选用了形容词 located，giant，oriented，multiple；两个形容词最高级的使用，即 grandest 和 smallest，凸显了拉斯维加斯赌场的规模；数字的加入，如 a dozen，2 000 thousands of，hundreds of，增强了信息的可信度，也使描述更具体和形象化。这样的描述直观而清晰，让人们充分感受到拉斯维加斯的繁华与娱乐特色。

Natural beauty, soothing clear waters, gentle warm trade winds, fragrant flowers and sparkling waterfalls define the landscape in Hawaii and draw you into a realm of peace and relaxation. Could this be why Hawaii is often described as one of the healthiest places on earth?

赏析：

在这段介绍夏威夷的简短文字中，作者用了 8 个形容词，其中一个形容词使用了最高级，语言显得生动活泼，成功地将夏威夷的美景清晰形象地展现在了读者的面前。

## 2. 句法特点

在句法上,口语导游词多采用疑问句、祈使句、条件句来变换不同的语气,多为简单句,句子长度较短,这样形成的语言短小精悍、简洁明快、生动活泼、节奏感强,能够吸引游客的注意力,调整游客的兴奋度;而书面宣传材料会经常出现长句或复合句,通过变化句子结构来增强语感和句子的连贯性,保持读者对阅读内容的兴趣。而且长句的使用更有助于说明所述细节之间的关系,因此十分适合用来描述景物。但是,也应牢记,在一个段落中频繁地出现长句或复合句,容易导致疲惫和厌烦感,流失读者。例如:

In the 1930s, European architects who emigrated to the United States before World War Ⅱ launched what became a dominant movement in architecture, the International Style.

赏析:

在这个长复合句中,主语用一个后置定语从句 who emigrated to the United States before World War II 来修饰,谓语动词 launch 后接一个 what 引导的宾语从句,而 what became a dominant movement in architecture 又与 the International Style 形成了同位语的关系。整个句子前后连贯、意义紧凑、信息量大,一直读到句末才完全了解句子的意义,因此能够令读者兴趣不减,想一探究竟。

If you stand on the top of the mountain, you can see the spectacular view of a rolling sea of clouds.

赏析:

在旅游英语文本中,if 条件句用来表达建议的语气。这个句子表明如果读者接受了"站在山顶"的建议,则可以欣赏到壮丽的云海。

Could this be why Hawaii is often described as one of the healthiest places on earth?

赏析:

虽然是疑问句的形式,但传递出的却是肯定的答案,表明夏威夷被称为世界上最健康的地方,彰显了它作为旅游胜地的独一无二。

3. 修辞手法的运用

旅游英语文本本着吸引读者和游客的目的,在编写时会融入多种修辞手法,如拟人、明喻、暗喻和排比等,来增添语言的趣味性和美感,引人入胜。例如:

A wide range of land and sea recreational facilities awaits you.

As autumn brings its crisp,fresh days to Ohio,Mother Nature begins to paint the state's emerald landscapes with gorgeous hues of harvest gold,amber and sienna.

赏析:

动词 await 和 paint 的施动者通常为人,而在这两个例句中,它们的主语分别是 a wide range of facilities 和 nature,显然这里运用了拟人的手法。拟人的手法可以使平白直叙的文字变得生动活泼,妙趣横生,从而吸引读者,拉近与读者的距离。

In the Palace of Pagoda Forest,the Jade Bamboo Shoots stands like spears.

Suzhou is the Venice in the east.

赏析:

例中,通过介词 like 运用了明喻的修辞手法,将 Jade Bamboo Shoots 比作 spears。第二个例子中比较的两个事物,Suzhou 是东方中国小桥流水人家似的水乡古城,而 Venice 是意大利古老美丽且闻名世界的水城,二者存在着许多共同特点,所以可以进行比较。句中采用动词 is,运用了暗喻的手法。明喻和暗喻都属于类比,即将具有共同特点的两个事物进行比较,这种手法能够将文字形象具体化,给读者留下深刻的印象。

Natural beauty,soothing clear waters,gentle warm trade winds,fragrant flowers and sparkling waterfalls define the landscape in Hawaii and draw you into a realm of peace and relaxation.

赏析:

这是一个运用了排比手法的例句。画线部分的短语都是形容词加名词的结构,其中 waters 和 trade winds 分别由两个形容词修饰,beauty,flowers 和 waterfalls 各带有一个形容词,这样的结构可以极大地增强语气,令行文流畅自然,让读者或听者产生美的感受①。

## (二)旅游英语导游词的语言特点

就结构上来说,旅游导游词主要包含如下三个部分。

(1)迎宾词。所谓迎宾词,即导游用于对游客进行欢迎的开场白。

(2)旅游导览。

首先,旅游导览应该能够为游客提供与景点相关的内容,如自然景观、地理位置、历史文化等。在用语上,应该保证灵活性与简单性,这样才能便于游客理解与把握。

其次,旅游导览具备能够帮助旅客享受美的特质,尽量在用词、用句上将美的特性体现出来。

最后,旅游导览应该能够彰显现场感,让旅客能够真正地身临其境,一般会使用 here,now 等词汇。

(3)欢送词。在导游词中,欢送词是对本次旅行的一种总结,其一般包含如下几点内容。

第一,对本次旅游活动进行回顾。

第二,对旅客的理解与包容进行感谢。

第三,希望下一次还能合作,并为他们继续提供优质的服务。

第四,祝愿旅客归途愉快。

## (三)旅游英语公示语的语言特点

公示语是指公开和面对公众,告示、指示、提示、显示、警示、标示与其生活、生产、生命、生态休戚相关的文字及图形信息(程尽能,吕和发,2008)。公示语的使用范围非常广泛,旅游者所到之处,凡涉及食、宿、行、游、娱、购的场所都可以看见公示语。本书所涉及的公示语主要是指旅游景点公示语,即在旅游景区内公布于众的路标、指示牌、招牌、标语、警示语等。

---

① 李丽洁,米海敏. 专门用途英语教学研究[M]. 北京:现代出版社,2018.

## 二、旅游英语教学中的民航乘务英语案例分析

### (一)办理乘机登记手续

为旅客办理乘机登记手续是民航旅客服务中非常重要的一个环节。掌握好这个环节的英文问答,对于空乘专业的学生来说至关重要。这一场景常见的英文表达如下所示。

Is this flight to Paris?

请问这趟航班是飞往巴黎吗?

My final destination is London.

我的最终目的地是伦敦。

What procedures do you need me to submit?

你需要我提交哪些手续呢?

This is my passport, please go over it.

这是我的护照,请过目。

My visa is in the bag, please wait for me.

我的签证在包里,请稍等我一下。

Sorry, hurry up, I'm in a hurry.

不好意思,麻烦快一点,我赶时间。

I want an aisle position.

我想要一个靠过道的位置。

Excuse me, can I upgrade for free?

不好意思,可以免费升舱吗?

跟柜台人工交流的过程虽然简短,但关键信息一定要表达到位。例如:

A:Please show your ID, what kind of seat do you prefer?

　请给我你的证件,你对座位有什么偏好吗?

B:Yes, it's best to choose a window or aisle.

　有的,最好是靠窗或者靠过道的位置。

A:OK, I have chosen a window seat for you.

　好的,已经帮你选择了一个靠窗的座位。

B：Can you help my companion choose a seat next to me?

你可以再帮我的同伴选择一个我邻座的位置吗？

A：Yes，please give me your companion's certificate.

可以的，请给我你同伴的证件。

B：It's here.

在这里。

[情景再展现]

A：Is this a Turkish Airlines manual counter?

B：Yes，miss，what can I do for you?

A：We need to check in，two people.

B：Please show your ticket and passport.

A：Here you are. We want to sit together. Can we help us choose two good seats?

B：Of course，I am happy to serve. Is there any luggage that needs to be checked?

A：No.

B：All right. Your ticket is here. Check-in time is coming，please enter at gate 22.

A：How do we go?

B：Just walk in the direction I pointed. Have a nice trip!

A：Thank you!

A：这里是土耳其航空的人工柜台吗？

B：是的，小姐，有什么能为您效劳的？

A：我们需要办理登机手续，两个人。

B：你们的机票和护照烦请出示一下。

A：给你。我们想坐在一起，可以帮我们选两个好座位吗？

B：当然，很乐意效劳。有需要托运的行李吗？

A：没有。

B：好的。你们的机票在这里。登记时间马上到了，请在 22 号登机门进入。

A：我们需要怎么走？

B：顺着我指的方向一直走就可以。祝一路顺风！

A：谢谢！

## (二)行李托运

各家航空公司往往对于行李托运的尺寸、重量、携带品等有着不同的具体规定,能够扮演乘务员和乘客并进行熟练的英文问答,顺利完成行李托运手续,是学生们学习的重点。例如:

I need to check two bags.

我需要托运两个行李。

There is no contraband in the luggage.

行李里面没有违禁品。

Do I need to pay extra?

我需要付额外的费用吗?

Can I take this suitcase on the plane?

我这个箱子可以带上飞机吗?

How much do I need to pay?

我需要再付多少钱?

Where can I collect my luggage?

请问我可以在哪里取行李?

如果有什么不清楚,服务人员会非常耐心、细致地回答你的疑问。例如:

A:Where is the place to check luggage?

　　请问办理行李托运的地方在哪里?

B:22 counters,please go straight.

　　是 22 柜台,请向前直走

A:What is my free baggage allowance?

　　请问我的行李免费额度是多少?

B:25 kg.

　　25 千克。

A:How many pieces of luggage can I check?

　　我最多可以托运几件行李?

B:You can check up to 2 pieces.

　　您最多可以托运 2 件。

A：What should I do?

　　那我要怎么办理?

B：Wait a moment, let me check.

　　您稍等,我查看一下。

[情景再展现]

A：Madam, what baggage do you need to check in?

B：1 suitcase.

A：Is there any carry-on luggage?

B：No.

A：Yes, please put your suitcase on the scale.

B：How is it? Is it oversubscribed?

A：Unfortunately, your baggage is over, you need to pay 25 pounds.

B：Here is the money.

A：Your luggage list is here, please collect it. Good luck!

B：Thank you!

A：女士,请问需要托运哪些行李?

B：1 个行李箱。

A：随身行李有吗?

B：没有。

A：好的,请把你的行李箱放到秤上。

B：怎么样? 超额了吗?

A：很遗憾,您的行李超额了,需要付 25 英镑。

B：钱在这里。

A：你的行李单在这里,请收好。祝你好运!

B：谢谢你!

## (三)登记落座

作为乘客,成功办理登记和行李托运后,只需要再经过安检和登机口检票就可以登机了。那么在乘客安检的过程中,我们也要用到很多的专业英文表达。例如:

Please put all your electronic products and coats in this basket.

请将你所有的电子产品和外套放到这个篮子里。

This bottle of cosmetics exceeds 80ml,so you can't bring it with you.

这瓶化妆品超过了 80ml,所以你不能带着它。

Please make sure you don't have any metal products on your body, and then pass through the detector.

请确保你的身上没有任何金属制品,然后穿过探测器。

Sorry,you need to go to the side for further inspection.

不好意思,您需要到旁边进行进一步检查。

Sorry,please turn around.

不好意思,请转身。

Please take out all the items in your pocket.

请把你口袋里的物品全部掏出来。

We can help you temporarily store items that cannot be carried for a month.

不能携带的物品我们可以帮你暂存一个月。

Please take off your shoes and hat.

请把您的鞋子和帽子脱下来。

在安检过程中,要注意倾听安保人员的要求和快速用行动反应。例如:

Please wait outside the sign line first,one by one to enter the security channel.

请先在标识线外等候,一个一个进入安检通道。

Please put your items here.

请把您的物品放到这里。

Please confirm once again that you are not carrying contraband.

请再一次确认您的身上没有携带违禁品。

Madam,please take out your mobile phone and earphones for testing.

女士,请把你的手机和耳机也拿出来检测。

Are there other items in your pocket?

你的口袋里是否还有其他物品?

There is too much liquid in this jar and it should not be carried.

这个罐子中液体含量过多,也不可以携带。

Please stand here for inspection.

请站在这里接受检查。

Please raise your arms and turn around.

请抬起双臂,然后转身。

Please unbutton your clothes.

请解开衣扣。

Please take your belongings and leave behind.

请带上您的物品从后方离开。

**[情景再展现]**

刚才我们重点展示了在安检过程中的部分,下面再分两部分看看登记和入座。

A:When the boarding time is up, please enter the gate in an orderly manner.

B:My boarding pass and passport are here.

A:Yes,ma'am,please board the plane from here.

B:Thank you.

A:登机时间到,请各位乘客有序进入登机口。

B:我的登机牌和护照在这里。

A:好的,女士,请从这边登机。

B:谢谢。

A:Where is the 8C seat?

B:Let me show you,it's over there.

A:May I ask if I can change seats with the next husband? I want to sit down with my friend.

B:You need to ask the gentleman. If he agrees,there is no problem.

A:Thank you. The luggage rack at the back is full. Can you help me put down my luggage?

B:No problem.

A:请问 8C 座位在哪里?

B:我指给您看,就在那边。

A:请问我可以和旁边的先生换下座位吗? 我想和我的朋友坐一下。

B:您需要询问下那位先生,如果他同意的话就没有问题。

A:谢谢,后面的行李架满了,你能帮我放下行李吗?

B:没问题。

## (四)机上服务

对于乘客来说,漫长的航空旅途中,来自空乘人员的贴心服务必不可少。哪怕是一条小毯子,一个小靠枕,也能使乘客的身体轻松许多。不过飞机上的储备物资到底有限,尽可能在物品发放完之前说出自己的请求吧!对了,飞机座椅前面的位置一般会放置相关说明,你可以打开看看具体有哪些服务,有不清楚的可以详细询问空乘人员。

寻求空乘人员帮助可以使我们的旅途更加轻松。例如:

My luggage is a bit heavy, can you help me put it down?

我的行李有点重,你可以帮我放一下吗?

Can you help me remove that baggage?

你可以帮我取下那件行李吗?

The storage boxes here are full, can you help me put them down?

这边的储物箱都满了,你可以帮我放下吗?

Can you give me a blanket?

可以给我一条毯子吗?

Can you give me a pillow?

可以给我一个靠枕吗?

Can you give me a glass of water?

可以给我一杯水吗?

Do you have any newspapers or other publications?

你们有没有报纸或者其他刊物?

在飞机上尽可能地挑选自己喜欢吃的餐食吧!例如:

A:When can I have dinner?

请问什么时候上晚餐?

B:Please wait 20 minutes.

请稍等 20 分钟。

A:What do you have for dinner?

请问晚餐都有什么?

B:Today we serve noodles and burgers.

今天供应的是面条和汉堡。

A:Is there any vegetarian food?

　　请问有素食吗?

B:of course.

　　当然。

A:Can I have another cup of hot tea?

　　我可以再要一杯热茶吗?

B:OK,just a second.

　　好的,请稍等。

[情景再展现]

A:I'm sorry, sir. What do you want to eat,Chinese food or Western food?

B:I want to eat Chinese food.

A:Please put the table in front of you. This is more comfortable.

B:Oh,thank you. That's nice.

A:This is my honor. What would you like to drink,milk,tea,coffee,orange juice or ice water?

B:I want a cup of soy milk. what do you have?

A:Yes,you are here. Please enjoy.

B:Thank you very much. Oh sorry,can I have two meals? I want some chili sauce.

A:Yes,sir.

B:Oh,sorry to disturb you. I want to know what kind of meat it is.

A:It's beef. Do you like it?

B:Yes. thank you very much.

A:You're welcome. If you need any help,please press this button.

A:对不起,先生。您想吃什么,中餐或西餐?

B:我想吃中国菜。

A:请把桌子放在您面前。这样比较舒服。

B:哦,谢谢。真好。

A:这是我的荣幸。您想喝点什么,牛奶,茶,咖啡,橙汁或冰水?

B:我要一杯豆浆。你有什么?

A:是的,您在这里。请享用。

B:非常感谢。哦,对不起,我可以吃两顿饭吗?我要一些辣椒酱。

A：好，先生。

B：哦，很抱歉打扰你。我想知道那是哪种肉。

A：是牛肉。你喜欢它吗？

B：可以。非常感谢。

A：不客气。如果您需要任何帮助，请按按钮。

## （五）身体不适

如果在飞机上出现身体不舒服的情况，要尽快告知空乘人员以获取他们的支援。在第一时间说清楚自己具体不舒服的位置或者症状可以很好地帮助他人判断你的情况。当然，如果你的身体曾患有急性病症，别忘了事先在上衣的口袋中准备应急药物。飞机上很可能没有医生的诊治，所以防患于未然是最好的选择。例如：

A：Is there anything I can help you with?

　　有什么我可以帮您的吗？

B：I'm a little sick,please give me a bag.

　　我有点恶心，请给我一个袋子。

A：Okay,the vomit bag is in the bag in front of you.

　　好的，呕吐袋就在您面前的袋子里。

B：Thank you!

　　谢谢！

A：Do you need to drink a little water?

　　你需要喝一点水吗？

B：It is good.

　　好。

**［情景再展现］**

A：Excuse me. I'm afraid I feel bad.

B：Madam,do you feel airsick?

A：Maybe not. I have been suffering from heart disease for a long time.

B：What can I do for you? I went to take down my first aid kit.

A：No need. The medicine is in my coat pocket. Could you please help me go?

B：Give you.

A：Can you give me another glass of water?

B：of course.

A：劳驾。恐怕我感觉不好。

B：夫人，你感觉晕机吗？

A：可能不是那样。我长期患有心脏病。

B：我能为您做什么？我去拿下我的急救箱。

A：不需要。药就在我的上衣口袋里。麻烦你帮我去一下。

B：给你。

A：可以再给我一杯水吗？

B：当然。

## （六）入境转机

出入国境和转机是民航英语学习中的重点和难点。由于很多学生没有出国经历和体验，因此这个部分的学习难度是比较大的。教师需要给学生介绍详细的背景知识作为铺垫。例如：

Passengers in transit should re-board the aircraft at 4.30pm.

过境旅客请于下午 4 点 30 分重新登机。

Where is the Turkish Airlines help desk?

土耳其航空的服务台在哪里？

Where is the engine room?

请问候机室在哪里？

How long do I have to wait to board the plane?

请问我还需要等待多久才能登机？

When will the connecting flight depart?

请问转机航班什么时候起飞？

Transit passengers, please queue in an orderly manner at gate 5.

中转旅客，请在 5 号登机门口有序排队。

入境的沟通也可以很简单。例如：

A：Please give me your passport and immigration registration form.

请给我你的护照和入境登记表。

B：It's all here.

都在这里。

A：What is your purpose?

　　你来的目的是什么?

B：I'm here for a short trip.

　　我是来短期旅行的。

A：How long do you plan to stay here?

　　你计划在这里停留多久?

B：7 days.

　　7 天。

**[情景再展现]**

A：Hello，where do I need to clear customs?

B：Please come here.

A：All right.

B：If you have something to declare，please go through the red channel.

A：Can I fill in a customs declaration form now?

B：Yes.

A：Do I still have to pay taxes?

B：What are the items you need to declare?

A：I wrote it，you read it.

B：Is there any tobacco and alcohol?

A：There are some cigarettes here，but I use them myself.

B：Please bring other luggage for inspection.

A：OK.

B：What is this bottle?

A：This is a gift for a friend. Is this taxable?

B：Please show me your declaration form. No，you can pass.

A：Thank you.

A：您好，我需要从哪里通关?

B：请过来这边。

A：好的。

B：如果你有东西需要申报，请走红色通道。

A：那我可以现在重新填一份海关申报单吗?

B：是的。

A：我还需要缴税吗?

B:你需要申报的物品有哪些?

A:我写出来了,你看下。

B:烟酒有带吗?

A:这里有一些香烟,但是我自己用的。

B:把其他行李也请带过来检查。

A:好的。

B:这个瓶子是什么?

A:这是要送给朋友的礼物。这个必须缴税吗?

B:你的申报单请给我看一下。不用,你可以通过了。

A:谢谢。

## (七)机场咨询

机场咨询服务隶属于民航服务中的地面服务部分,对于很多乘客,尤其是外出旅行的乘客,此项服务对他们来说不可或缺。常见的英文表达如下。

How to get to the airport consulting center?

机场咨询中心怎么走?

Can you recommend a cost-effective hotel for me?

可以帮我推荐一家性价比高的酒店吗?

Where can I wait for a taxi?

在哪里可以等到出租车?

Can you suggest a hotel in the city?

可以建议一家位于市区的旅馆吗?

I want to live in a house with sea view.

我想住在能看海的房子。

How long does it take to go to a London hotel from here?

从这里去伦敦酒店要多久?

How much does it cost there?

那里的费用大概要多少?

Are there any recommended dishes here?

这里有推荐菜品吗?

Can you give me a map?

可以给我一份地图吗？

Are there artificial guides here?

这里有人工导游吗？

Can you book a hotel for me?

你可以帮我预订饭店吗？

I want to stay here for 3 more days.

我想在这里多待 3 天。

快问问怎么才能快点到目的地呀，等不及了！例如：

A：Excuse me,what is the easiest way to get to the city center?

　　请问，到达市中心最简单的方法是什么？

B：There are several methods.

　　有几种方法。

B：You can take the most economical bus.

　　您可以乘坐最经济的巴士。

B：There are also shuttle buses and limousines.

　　也有穿梭巴士和豪华轿车。

B：The fastest way is to take a taxi.

　　最快的方法是乘坐出租车。

A：OK,I need to take the shuttle bus.

　　好,我需要坐穿梭巴士。

A：Can you tell me where?

　　你能告诉我在哪里吗？

B：Of course,let me tell you.

　　当然,让我来告诉你。

〔情景再展现〕

A：Sorry,miss,I need to consult you if I have any questions.

B：Of course,what can I do for you?

A：First of all,I want to know where I can rent a car?

B：This passage goes forward,to the top right.

A：Okay,thank you. I also want a detailed map of the city of London.

B：We have a tourist album specially provided here. You can choose the category you are interested in on the display shelf. You can use it yourself. Is there anything else?

A：Yes. Where is the currency exchange?

B：Just in the middle of the passage I just told you. You can see when you walk over.

A：Awesome! You helped me a lot!

B：You are welcome.

A：不好意思，小姐，我有问题需要请教你。

B：当然，我可以为你做些什么？

A：首先，我想知道哪里可以租车？

B：这条通道往前走，最顶端的右边。

A：好的，谢谢。我还想要一张详细的伦敦市地图。

B：我们这里有专门提供的旅游图册。你可以在展览架上选择你感兴趣的类别。可以自行取用。还有别的事吗？

A：有的。兑换货币的地方是在哪里？

B：就在我刚跟你说的那条通道中间。你走过去就能看见。

A：真棒！你可帮了我大忙！

B：您客气了。

# 参考文献

[1]B. 库玛 . 文化全球化与语言教育[M]. 邵滨,译 . 北京:北京语言大学出版社,2017.

[2]包惠南,包昂 . 中国文化与汉英翻译[M]. 北京:外文出版社,2004.

[3]蔡凤梅,田丹,左璐 . 生态课堂与大学英语教学[M]. 长春:吉林大学出版社,2016.

[4]蔡基刚 . 英汉词汇对比研究[M]. 上海:复旦大学出版社,2008.

[5]蔡基刚 . 中国大学英语教学路在何方[M]. 上海:上海交通大学出版社,2012.

[6]岑运强 . 语言学概论[M].4 版 . 北京:中国人民大学出版社,2015.

[7]曾凡贵 . 大学英语教研教改新思索[M]. 上海:上海交通大学出版社,2015.

[8]陈坚林 . 计算机网络与外语课程的整合———一项基于大学英语教学改革的研究[M]. 上海:上海外语教育出版社,2010.

[9]陈俊森,樊葳葳,钟华 . 跨文化交际与外语教学[M]. 武汉:华中科技大学出版社,2006.

[10]陈品 . 大学英语教学理论与实践[M]. 天津:南开大学出版社,2013.

[11]陈仕清 . 英语教师专业发展新路径[M]. 南宁:广西教育出版社,2012.

[12]陈细竹 . 网络时代英语自主学习与教学研究[M]. 北京:北京日报出版社,2019.

[13]程彩兰,韩彦林 . 基于"产出导向法"的大学英语信息化教学效

能研究[M].长春:东北师范大学出版社,2017.

[14]程晓堂,孙晓慧.英语教材分析与设计[M].北京:外语教学与研究出版社,2011.

[15]程亚品."互联网＋"时代下信息技术与英语教学的深度融合[M].天津:天津科学技术出版社,2019.

[16]崔刚,孔宪遂.英语教学十六讲[M].北京:清华大学出版社,2009.

[17]杜秀莲.大学英语教学改革新问题新策略[M].济南:山东大学出版社,2011.

[18]樊晓燕.基于教育生态学视角的地方高校大学英语生态课堂建构[M].北京:中国农业出版社,2018.

[19]范建一.民航乘务英语实用会话[M].北京:中国民航出版社,2004.

[20]冯奇,姚喜明.外语教学与文化[M].上海:上海大学出版社,2007.

[21]高洪德.高中英语新课程理念与教学实践[M].北京:商务印书馆,2005.

[22]郭万群.大学英语多模态课堂教学研究[M].上海:上海交通大学出版社,2015.

[23]何广铿.英语教学法教程:理论与实践[M].广州:暨南大学出版社,2011.

[24]何江波.英语翻译理论与实践教程[M].长沙:湖南大学出版社,2010.

[25]何少庆.英语教学策略理论与实践运用[M].杭州:浙江大学出版社,2010.

[26]贺亚玲.从通用英语向学术英语转型研究[M].北京:九州出版社,2018.

[27]胡启海.大学英语生态课堂教师言语行为研究[M].长沙:湖南科学技术出版社,2014.

[28]胡文仲.英美文化辞典[M].北京:外语教学与研究出版社,1995.

[29]扈玉婷.大学英语生态化写作教学研究[M].北京:北京理工大学出版社,2019.

[30]黄儒．大学英语教学模式研究[M]．哈尔滨：黑龙江教育出版社,2018.

[31]黄勇．英汉语言文化比较[M]．西安：西北工业大学出版社,2007.

[32]贾冠杰．英语教学基础理论[M]．上海：上海外语教育出版社,2010.

[33]蓝纯．语言学概论[M]．北京：外语教学与研究出版社,2009.

[34]李森,张家军,王天平．有效教学新论[M]．广州：广东教育出版社,2010.

[35]李晓朋．"互联网＋"时代英语自主学习与课堂教学的整合模式探究[M]．成都：电子科技大学出版社,2018.

[36]林新事．英语课程与教学研究[M]．杭州：浙江大学出版社,2008.

[37]林扬．民航乘务英语会话[M]．北京：旅游教育出版社,2007.

[38]刘宓庆．文化翻译论纲[M]．武汉：湖北教育出版社,1999.

[39]刘长江．信息化语境下大学英语课堂生态研究[M]．北京：世界图书北京出版公司,2014.

[40]鲁子问,康淑敏．英语教学设计[M]．上海：华东师范大学出版社,2008.

[41]罗少茜．英语课堂教学形成性评价研究[M]．北京：外语教学与研究出版社,2003.

[42]罗毅,蔡慧萍．英语课堂教学策略与研究方法[M]．武汉：华中科技大学出版社,2011.

[43]宁云中．生态、空间与英语教育教学研究[M]．北京：中国戏剧出版社,2019.

[44]平悦．大学英语生态课堂教学模式构建研究[M]．哈尔滨：哈尔滨工业大学出版社,2020.

[45]瞿堃,钟晓燕．教育信息化概论[M]．重庆：西南师范大学出版社,2012.

[46]隋晓冰．网络环境下大学英语课程教学优化研究 基于佳木斯大学的实证研究[M]．上海：复旦大学出版社,2016.

[47]孙芙蓉．课堂生态研究[M]．杭州：浙江大学出版社,2013.

[48]孙英春．跨文化传播学导论[M]．北京：北京大学出版

社,2008.

[49]童之侠.语言·文化·传播丛书 当代应用语言学[M].北京:中国传媒大学出版社,2016.

[50]汪德华.中国与英美国家习俗文化比较[M].杭州:浙江大学出版社,2011.

[51]王策三.教学论稿[M].北京:人民教育出版社,1985.

[52]王翠英,孟坤,段桂湘.大学英语生态课堂与生态教学模式构建研究[M].西安:西安交通大学出版社,2017.

[53]王淑花,李海英,孙静波,等.大学英语教学模式改革与发展研究[M].北京:知识产权出版社,2018.

[54]王素荣.教育信息化:理论与方法[M].北京:社会科学文献出版社,2006.

[55]王武兴.英汉语言对比与翻译[M].北京:北京大学出版社,2003.

[56]王新然.英语教学与语境的研究[M].长春:吉林大学出版社,2016.

[57]王旭卿.信息技术教育应用技能[M].上海:上海教育出版社,2011.

[58]王亚敏,潘立鹏,李杏妹.新时代高校英语课堂与生态教育融合路径研究[M].太原:山西经济出版社,2020.

[59]渭南师范学院外国语学院外语教学与翻译研究中心.外国语言文化论[M].咸阳:西北农林科技大学出版社,2016.

[60]魏华.大学英语生态课堂与生态教学模式的路径探索[M].南京:东南大学出版社,2018.

[61]吴格非,徐剑.面向新世纪的外国语言文化研究 中国矿业大学外国语言文化学院建院 15 周年纪念文集 2000—2015[M].徐州:中国矿业大学出版社,2017.

[62]吴今培,李学伟.系统科学发展概论[M].北京:清华大学出版社,2010.

[63]吴克文等.民航乘务英语教程[M].北京:中国民航出版社,1997.

[64]吴尚义.语言与文化研究 第 6 辑[M].北京:知识产权出版社,2011.

[65]邢红梅,闫欢．大学英语生态课堂构建研究[M]．天津:天津科学技术出版社,2017.

[66]许艳平,高贵,雷雪莲．英语翻译课堂新编[M]．北京:光明日报出版社,2017.

[67]闫文培．全球化语境下的中西文化及语言对比[M]．北京:科学出版社,2007.

[68]严明．大学专门用途英语(ESP)教学理论与实践研究[M]．哈尔滨:黑龙江大学出版社,2008.

[69]杨胜娟,王静．大学英语数学改革实验及探索[M]．成都:电子科技大学出版社,2017.

[70]姚小平．如何学习研究语言学[M]．北京:北京大学出版社,2013.

[71]叶蜚声,徐通锵．语言学纲要(修订版)[M]．北京:北京大学出版社,2010.

[72]余林．课堂教学评价[M]．北京:人民教育出版社,2006.

[73]张培,李凤杰．外语研究论丛 2016[M]．天津:天津大学出版社,2017.

[74]张舒予．视觉文化与媒介素养研究手册[M]．北京:中国广播影视出版社,2017.

[75]张晓丽．生态视域下的大学英语课堂教学理论研究[M]．北京:中国大地出版社,2018.

[76]张英．生态视域下的大学英语教学改革研究[M]．上海:复旦大学出版社,2017.

[77]郑丹,张春利,刘新莲．当代大学英语教学体系建构与实践研究[M]．北京:中国纺织出版社,2019.

[78]郑佩芸．基于网络书面实时交流的大学英语口语拓展教学研究[M]．上海:复旦大学出版社,2015.

[79]李华．生态化与课程思政在大学英语教学中的耦合[J]．牡丹江教育学院学报,2021(10):52-54.

[80]王玲玲．信息技术背景下大学英语生态教学模式的构建[J]．山西青年,2021(17):59-60.

[81]高琳．教育信息化背景下应用型高校英语教学现状调查——以铜陵学院为例[J]．铜陵学院学报,2021,20(04):115-117.

[82]陈睿. 大学英语生态课堂的构建[J]. 黑龙江教师发展学院学报,2021,40(08):132-134.

[83]梁溪. 生态语言学视角下大学英语听力生态课堂建构分析[J]. 校园英语,2021(21):18-19.

[84]赵雨. 教育信息化时代大学英语生态化教学实践研究[J]. 英语广场,2021(09):69-71.

[85]徐国堂,冯涛. 立德树人视域下大学生精神素养的有效介入——大学英语绿色生态课堂及线上教育的实践探索[J]. 高教学刊,2021(08):61-64.

[86]董爱华,尹立鑫. 大学英语生态课堂教学模式的探索与实践[J]. 文教资料,2021(06):217-218.

[87]范晓明. 浅谈大数据背景下大学英语生态课堂教学模式的构建[J]. 海外英语,2021(01):90-91.

[88]周德桥,丁丽娜. 大学英语"课程思政"的生态化教学模式探究[J]. 校园英语,2020(52):47-48.

[89]韩莉. 信息化背景下大学英语生态课堂的构建——评《英汉汉英 化学化工词汇》[J]. 塑料工业,2020,48(11):183.

[90]李坤梅. 大学英语听说生态课堂建设中学生个体生态位的优化策略研究[J]. 海外英语,2020(19):73-74.

[91]张波."互联网＋"背景下大学英语教学生态模式构建研究[J]. 中国多媒体与网络教学学报(上旬刊),2020(09):96-98.

[92]刘丽丽,刘冰,戚田莉. 生态语言学视角下大学英语听力生态课堂建构[J]. 辽宁经济管理干部学院学报,2020(04):92-94.

[93]张五英. 基于SPOC＋翻转课堂教学模式构建大学英语生态课堂[J]. 中国多媒体与网络教学学报(中旬刊),2020(05):20-21.

[94]李剑蓝. 多模态理论下大学英语生态课堂建设策略[J]. 英语广场,2020(11):98-102.

[95]于洋,张罕琦. 新媒体环境下大学生英语生态课堂的构建刍议[J]. 新闻文化建设,2020(03):77-78＋89.

[96]周辉."互联网＋"教育背景下大学英语教学生态模式的构建[J]. 北京城市学院学报,2020(01):28-32＋36.

[97]郑晶,黄倩儿,林巧文. 大学英语混合式生态课堂的构建——以福建师范大学福清分校为例[J]. 福建师大福清分校学报,2020(01):

69-74.

[98]孟娴．基于生态学的英语实践教学研究[J]．英语广场，2020（04）：89-90.

[99]倪萍．新媒体环境下大学英语生态课堂的构建[J]．文教资料，2020（02）：225-226＋240.

[100]何苗．教育生态理念指导下的大学英语生态课堂构建探索[J]．成都中医药大学学报（教育科学版），2019，21（04）：54-55＋62.

[101]刘晓霞．学科核心素养视域下大学英语生态课堂的研究[J]．校园英语，2019（52）：45-46.

[102]张娜．生态化大学英语课堂教学模式的理论与实践研究[J]．现代交际，2019（22）：7-8.

[103]刘洁，王梅，王慧．新媒体时代大学英语生态课堂高校间的交互关系初探[J]．传播力研究，2019，3（33）：246.

[104]滕野．教育生态学视域下大学英语听说生态课堂的构建[J]．林区教学，2019（11）：78-80.

[105]田叶，徐静．基于MOODLE的大学英语听力生态课堂教学设计与实践[J]．宁波教育学院学报，2019，21（05）：66-69.

[106]游洪南，周婷，李丽华．MOOC时代下大学英语教学生态环境的优化[J]．科技视界，2019（28）：170-172.

[107]尹剑波．大学英语课堂生态失衡与优化的实证研究[J]．洛阳师范学院学报，2019，38（09）：86-88＋94.

[108]梁爽．大数据背景下大学英语生态课堂教学模式的构建[J]．船舶职业教育，2019，7（05）：20-22.

[109]王英．信息化背景下高职大学英语生态课堂建立路径探析[J]．校园英语，2019（36）：118-119.

[110]潘静一．互联网＋背景下的大学英语教学生态课堂构建研究[J]．北极光，2019（08）：155-156.

[111]付玲，姚承胜．大学英语生态化课堂教学模式探究[J]．北方文学，2019（23）：131-132.

[112]平悦．教育生态学视角下大学英语听说课堂互动研究[J]．青年与社会，2019（22）：124-125.

[113]金美辰．BOPPPS模型在大学英语生态化课堂上的应用——以跨文化交际能力培养为例[J]．海外英语，2019（13）：89-90.

［114］倪萍．教育生态学视域下的大学英语生态课堂［J］．文教资料,2019(19):215-216＋220.

［115］欧洁,吴艳华．基于教育生态学的大学英语课堂教师话语调查研究［J］．广东轻工职业技术学院学报,2019,18(02):55-59.

［116］谢雪梅．大学英语生态课堂与生态教学模式构建研究［J］．海外英语,2019(12):158-159.

［117］李金慧．信息技术环境下大学英语课堂生态失衡现象及生态平衡构建研究［J］．北极光,2019(06):161-162.

［118］闻彤．大学英语课堂的生态失衡及重构研究［J］．智库时代,2019(26):108＋110.